陳彩美——著

生命的出口

殘障之父謝樂廷神父的修道人生

〈推薦序〉

要一雙鞋子幹什麼？

黃春明

被邀約為陳彩美小姐的新書寫幾個字，因而有機會先拜讀書檔。當我讀完最後一個字，放下稿件，我深深吞吐一口氣，心裡喃喃的叫了陳彩美這個名字，一時心裡百感交集，但是此刻，令我自覺得慚愧的心情，卻壓過其他九十九個感觸，相信大多數的讀者，如果也看了這樣的文字之後，在感動的過程和成份，一定也會像我觸及到個人的反省；特別是像我以文字工作為志業的人。

讀了陳彩美這本作品，讓我想起美國一位盲聾啞的教育家，作家海倫・凱勒（Helen Adams Keller, 1880-1968）。我曾經在讀師範學校的時候，讀她的傳記深受感動，而在不知不覺中，那一股感動，卻內化成一股力量，改變了我。我年輕時叛逆成性，不聽信這個，不順那個，更不信邪，給家人帶來不安和困擾，在學校只有讓學校當皮球，從這個學校踢到那個學校，最後從宜蘭羅東，被踢到屏東師範；那已經是五十五年前的事了。那時候台灣還是一個農業社會，人很少移動，屏東有一位宜蘭人，那恐怕就是我了。由此可見，我有多叛逆不乖。記得在某一個學校時，老師鼓勵同學，要我們去找一句，可以勉勵自己的座右銘，可是全班同學裡面，只有我一個人沒提出座右銘，而被老師調侃了一番。他說：「難道你不認為你是人嗎？人為萬物之靈啊，諸如此類的座右銘很多很多，你一個都找不到？」不是找不到，太多了，一方面懷疑它的作用，一方面叛逆使然。說也奇怪，當我在台南師範，或是台北師範時，讀到海倫・凱勒的傳記，看到一個從幼童的時候因惡疾引起，導致眼盲耳朵又失聰，連話都不會講，在這樣幾乎失去學習成長能力的條件下，因遇到一位有愛心和耐心的蘇利文（Anne Sullivan）老師的調教，她慢慢學會表達，開始能夠與人溝通，之後她以驚人的意志力，完成哈佛大學拉德克利夫學院的學業，成了人類史上第一位獲得學位的既盲又聾的人。她後來的成就，被美國時代周刊選為人類十大偶像之一。在她的傳記裡，有她這樣的一段話：

> 我一直哭一直哭，哭我沒有鞋子穿。直到我遇見一個人，他竟連腳也沒有。

這話當然是一種比喻，是由一個重度傷殘的海倫・凱勒說的。她以自己不幸的條件，來比喻比她更不幸的人勉勵自己；她認為她已經有了腳了，足夠向前跨步了，還埋怨欲求一雙鞋子，還有人連腳都沒有哪！

讀了陳彩美的文章，像看到海倫・凱勒，至於最後的成就，這對陳小姐而言，現在尚言之過早，同時也不是拿什麼成就來做比較。但是至少從所謂的生命力，在尋找生命意義的出口的過程，陳彩美從小罹患進行性肌肉萎縮症，致使到後

來身體無法動彈，據說連翻身或低頭看書都需要他人幫忙的這種地步，她以無比的毅力學會使用電腦；但由於無法以鍵盤打字，只得利用軌跡球，逐字逐句像螞蟻搬食物，將她艱辛的成長輸入電腦成書（以上小段文字抄自李清貴記者的報導）。就以這樣過程的呈現，陳彩美的形象是多麼教人敬佩，也叫多少浪費自身健康的人，浪費自己的生命的人，尤其是年輕人感到汗顏。

至於陳彩美的作品，從形式與內容來看，以一般作家來比，一點也不遜色。透過她的文字，讀者一定可以通達到她的心靈，可見她的敘述能力無礙，細微的刻畫情節，栩栩如生的印象深刻。其實我不該這麼無禮的像是在評學生的作文，我要強調的是，我們不要忘記，她是無法拿筆，無法打鍵盤的人，每一個字、每一句，都是像螞蟻搬東西所堆砌起來成為長城的。

談到內容，那是整個作品的精髓，它通篇少不了她的艱苦奮鬥，又時時不忘提及愛她、幫助她的人們，特別是義大利的謝樂廷神父，還有他們同病相憐的兄弟姊妹。他們共同形成的小社會，與我們目前的大社會相較起來，那裡充滿了愛，受到關懷和相助時，懂得感恩，愛惜生命，發揮生命力。陳彩美將自己生命的體現，呈現在這本集子裡面，為我們現今的大眾消費社會，大部份人只為物慾使出生命力的同時，她提供了精神價值的生命力，做為增進我們素養的教材。意識到這點價值和意義，令人不能不向陳彩美小姐致意。

陳彩美和海倫・凱勒一樣，向前邁步不需要鞋子，有腳就夠了。

〈推薦序〉

勇者的肖像

復興大學教授／Huang teacher

誠然

於殺戮戰場中拋頭顱灑熱血為國捐軀的人是勇者。

於天災人禍裡為搶救他人而犧牲小我的人是勇者。

於命運的乖舛裡遭遇終生殘障卻能不屈服生命的捉弄而將生命的意義發揮極致，更是令人折服的勇者。

和彩美相識是在家母住進當還是宜蘭醫院的護理之家，她們是共處一室的病友。那時彩美癱瘓的身子，刻板的臉上沒有笑容，後來才知道她罹患了一種「罕見的進行性肌肉萎縮症」。

別看她重度身障，她的勇氣和毅力真是無人能比，當時包括家母在內的同室病房的人常常受到她的照顧，時而與病患的家屬們聯絡。時而吃力的按鈴呼叫護士們為那些需要的病友們服務。

事隔多年家母已經作古，可是她那捨己助人的精神至今仍然令我感動不已。據醫生說罹患此種病症最多只能存活到二十幾歲，可是彩美卻奇蹟似地活下來，她覺得這是上天所賜予的恩典，從此展開一連串不可能的挑戰與任務，她學習電腦，寫文章，將內心無比的悲痛化為求知上進的助力。這些在她的處女作「學校沒教我的36堂課」裡足可窺見彩美坎坷的生命歷程，以及她超凡的意志力和生命力。

在彩美的周遭裡每每有善良熱心的人士幫她克服困境，她說如果當時沒有謝樂廷神父的鼎力相助風雨無阻的接送，是不可能完成電腦課程，當然也就不可能產生如此動人心弦，鼓舞人心的佳作。感念之餘她將謝神父一生行程及對台灣這片土地的熱愛、對殘障人氏的愛與奉獻書寫在第二本書中，想必讀者於字裡行間能深刻體會到一位外國友人如何無私無我的奉獻他大半輩子的歲月給異鄉的人們。此種真誠感人的愛會對於土生土長的我們台灣人引發多少的鼓舞和省思？

〈推薦序〉

愛心

中國青年救國團主任／張德聰

甚麼樣的起心動念？因為有「愛」！

甚麼樣的因緣際會？因為有「心」！

甚麼樣的起心動念？甚麼樣的因緣際會？讓一位出生於義大利的神父，自一九六四年踏上台灣的土地後，便開始了沒有休止符的、義不容辭的無私奉獻。隨時準備好伸出雙手，主動地牽起每一位生命曾被開了個玩笑的折翼天使們，讓他們得以再次振翅高飛，迎向光明。他是：謝樂廷神父。

小學四年級開始，病症的初兆，讓彩美的生命有了變化。十七歲的彩美曾寫了封求助信予時任救國團主任的　蔣經國先生，救國團持續的給予協助與支持是第一雙牽起彩美的手。這一段路將是漫長的、無止盡的，彩美需要更大的勇氣與毅力，正當老天爺遺忘眷顧時，如同一千三百名冊中的折翼天使，一路上，彩美的雙手，謝神父也緊緊的牽著。

現今台灣社會，社福機構、團體等的成立與推動，讓許多弱勢族群得以有管道獲得初步的資源與協助。然而，回顧五零年代的台灣社會，醫療資源與思維視野尚未開展的年代，更甭提社會對弱勢族群的主動協助與照顧。但是，謝樂廷神父長途跋涉、遠道而來，更帶著一顆「人生以服務為目的」的慈悲心，讓四十多年來的一千三百人名冊內蘊著滿滿的愛與關懷。靈醫會士們設立與服務的宜蘭縣羅東聖母醫院、惠民殘服中心、聖嘉民啟智中心、安養院、肺結核療養院……等更為台灣社福機構烙下歷史性的付出與延續。

彩美用那雙被神父緊緊牽著的雙手，一字一句的敲打出本著作，讓一生奉獻給殘障者的神父，無悔的付出與大愛影響讀者，傳遞更多生命的正向能量。一千三百人名冊裡的天使們，都各有著無奈的宿命，但他們的生命，卻也因為有謝神父，將更為豐滿與光彩！

〈推薦序〉

緣

沈榮鋒

彩美要我幫她的第二本書寫「序」，我沒寫過「序」，也自知文筆粗糙，却沒勇氣也沒理由婉拒。大約在民國六十六年或六十七年，當時我在宜蘭縣救國團工作，因為協助彩美就醫而與她結緣。六十九年我離開宜蘭，彩美和我繼續有書信往來。我曾鼓勵她寫作，也曾把她的稿件送中華日報刊登。我那時的想法只是單純的希望她藉由寫東西可以轉移注意力來忘卻肉體的疼痛。後因工作南北奔波而與彩美失聯了。

民國九十九年初，彩美透過友人有了我的電郵信箱，告知我她要出版一本書・希望我能協助，並把寫作內容電傳給我。我很驚訝、佩服和很多的感慨。驚訝彩美幾乎不能動的身子竟能寫出這麼多流暢的文字；佩服彩美的生命力怎能這麼的強韌有力；感慨身體健全的我却虛度這麼多的時光。民國九十九年底，彩美的第一本書「學校沒教我的三十六堂課」出版了，林建榮立委義不容辭地在宜蘭署立醫院為彩美舉辦一個熱鬧的新書發表會，我也和三十多年沒見面的彩美見了面。

民國一百年二月十八日彩美告知很努力地在寫第二本書；四月告知她的病情在惡化，心情很悶；八月告知病情更為嚴重，不知生命能撐多久。我很為她擔心，我清楚彩美每天都在肉體疼痛中度過。然而，我也知道彩美每天拚命地寫，只因她有一顆炙熱的感恩的心。

十一月十六日，彩美告知她把「謝樂廷神父傳」完成了，我也自然地協助出版。彩美一直用電郵或電話「謝謝大哥」，但是，我心裡清楚的知道，不是我幫彩美，而是彩美幫了我。她讓我更深層了解生命是可以多「彩」多「美」的，而彩筆握在自己手中。

〈自序〉

人生有夢最美

生有夢最美，而我的夢想是能夠在有生之年完成三本書。

如今我完成第二本書，這是一本傳記。

那時候幾乎每天都在疼痛中度過，好害怕撐不下去，來不及完成就倒下。所以寫得有點急就章，不竟理想，不過重要的事終於完成使命。

這不是什麼偉人的傳，但在一千三百以上殘障朋友的心目中，他比偉人更可敬。如果不是他一次又一次的為他們來來回回送他們去就醫、矯正萎靡不振的肢體，不斷的復健，他們沒辦法站起來。如果沒有他無私無我的奉獻，一路扶持殘障朋友們，他們走不出來。

我也是受他幫忙的其中一個，雖然我比較晚認識，但對他的風範已經風聞已久。寫這本傳，是希望讓更多人了解，在這個冷漠的社會，也有人肯付出畢生的歲月，默默的幫助弱勢。

如今他已經垂垂老亦，仍然一本初衷堅持到底。

這樣的人這樣的事跡，我希望能夠帶給冷漠的社會一點溫馨的啟迪。

感謝出版社的認同讓我書順利出版。雖然沒能把謝神父的仁義寫得十分盡意，只是略點一二事而已，希望能帶來一股清風、暖流，溫潤人們的心靈。

感謝沈榮鋒沈大哥鼎力相助，不時的鼓舞，並幫我推薦給出版社，才能使我順利出版。

感謝我的老師陳仁勇醫師，不厭其煩的鼓勵，盡心盡力的指導我，才能使我完成這三分之二的夢想。

感謝出版給我機會，相信人間有愛會更美好。

謹此致上我最大的敬意和感謝之情。

謹此

敬祝

平安喜樂

陳彩美敬上

CONTENTS

謝樂廷神父的修道人生

謝樂廷神父的筆記本

人們經常看到謝樂廷神父有空時會翻開一本破舊的記事本，他有時在上頭書寫，臉上泛出微笑，有時望著遠方沉思發呆。直到最近我才知道，那一本人名冊是他畢生歲月的紀錄。

1937年，謝神父誕生於義大利阿爾卑斯山上的一處小山村，家中還有五個兄弟，一個姐姐，他排行老五，村子都以種蘋果、養牛羊為生。他說：「我最喜歡蘋果成熟時的季節，那片點點嫣紅的蘋果，高掛在樹中，在陽光的輝映下，果粒嬌艷欲滴。」

由於山村的學生少，除了一所小學外，沒有其他學校，謝神父十二歲就離開家，到米蘭的修會學校就讀中學、大學，並加入靈醫會修會，經過兩年神學訓練之後進鐸當神父。

1964年，謝神父坐船從義大利來台灣。問他為什麼選擇那麼遙遠又落後的宜蘭，他說：「因為那裡較落後，定有許多病患需要幫助，所以我們就來，這就是靈醫會創立的目的。」

抵達宜蘭之後，謝神父才發現，台灣這個島嶼比他想像中還要貧窮、落後、迷信。有一次，某個村落裡有一位少年人罹患莫名的怪病，肚大如孕婦，腫脹得很難受，偏偏他的家人只求神問卜，不肯帶他上醫院求診。一聽到這樣的事情，謝神父馬上驅車前往，一路擔心著那孩子，希望還來得及救他。

車子在鄉間小路上東彎西拐，路面坑坑洞洞不好走，加上不知道詳細的住處，好不容易才找到那位患者的家。誰知道，當謝神父表明來意，卻被拒絕於門外。後來，請求當地士紳幫忙，那家人方才允許他們進入。經過診斷，那孩子的情況很危急，必須馬上送醫院，做進一步的治療。誰知，任憑他們說破了嘴，孩子的祖父母、父母仍然無動於衷。

神父料想不到會有這樣荒謬的事，一片誠意想幫忙，卻碰了一鼻子灰。儘管如此，他心中仍然掛念著那孩子。

不幸的是，一個星期後，當謝神父再度探訪時，那少年已撒手人寰了。

之後，謝神父才知道，原來那父母求神問卜，卦得：「那孩子只要挨過七七四十九天不出門，就會不藥而癒了。」可惜，一條年輕的生命，就這樣白白給犧牲掉了。

謝神父說，他為這件事難過了好久好久。他很清楚，想要悲劇不再重演，除了打破迷信外，就是讓他們認識正確的醫療常識。在往後的歲月裡，他著手策劃並在醫師的協助下辦理巡迴義診，及醫療講習，希望藉此能夠打破那些陋習，不再有悲劇發生。

謝神父也注意到隱藏在鄉下各個角落的殘障兒童，這些兒童大部份被留在家裡，從沒出過門看看外面寬廣的天空。神父希望自己能夠化作他們的手、腳，幫助他們重建信心，找尋生命的出口，使他們能過上一般人的生活。他知道這是一個大工程，為了這個大工程，他創立惠民殘障服務中心。

起初，惠民服務的對象只有十幾個小孩，但這並非因為殘障者少。事實上，當時適逢台灣小兒麻痺症[1]流行，受害者是很多的，然而能夠走出來的卻沒幾個。當時，不僅醫學不發達，人民也普遍貧窮，加上根本沒有殘障福利，大多數的不幸者只能依賴親人的照顧，苟延殘喘地度過一生。

謝神父說，剛開始，他每天騎著機車大街小巷尋找殘障者的蹤跡，逢人便問。無論學校、或馬路上，只要看見殘障者必向前關懷，沒想到卻招來嘲笑和懷疑。尤其，進行家庭拜訪時更是困難重重。當時，沒有人能夠理解，非親非故，也不是為錢為利，竟然有人會無怨無悔提供關懷幫忙；因此，一片好意往往被誤以為是騙子、金光黨。不過，謝神父都一笑置之，畢竟這些都不重要，重要的是能夠幫助他們。

在1960年代，一個外國人要在台灣偏僻的鄉下尋找障礙兒童實在有點困難，不僅道路崎嶇難行，路標也不明顯。謝神父記得，有一年雨季，他走在一條羊腸小徑上，路面泥濘不堪。當行經一個轉角處時，忽然跑出一隻小狗，為了閃避小狗，害他摔得一身泥。這才發現，原來，他在這條路上已經來回走了好幾趟了。好在皇天不負有心人，最後終於讓他找到了正確路徑。原地繞來繞去，找不到地方——這樣的事總是一再發生，

---

1 小兒麻痺症乃是由小兒麻痺病毒（Poliovirus）感染引起。小兒麻痺病毒是一種腸病毒（Enterovirus），具有三種抗原型式（antigenic types）即第 1, 2, 3 型。此三種抗原都能引起小兒麻痺，但其中以第 1 型最常引起大流行。直到 1948 年，哈佛大學的恩德緯勒及羅賓利用試管培養的猴腎及人類胎細胞成功的分離出小兒麻痺病毒，才使得病毒學的研究出現了轉機，也開啟了病毒疫苗製作的成功之門。1950 年代的小兒麻痺大流行因沙克疫苗（死病毒疫苗）的研製成功而控制了疫情。

不過他並氣餒。因為，每當他找到那些癱瘓在床或在地上爬行的朋友時，他都非常慶幸自己沒有半途折返，否則豈不錯過救援，徒留遺憾？

所幸，「精誠所至，金石為開」，認識他的人越來越多，惠民服務的工作也越來越順利。每當謝神父找到一位新的殘障兒童，他就寫下孩子的病情、家庭狀況、需要的協助及醫療等資料。

神父就這樣風雨無阻的陪他們走過了四十幾年。四十多年後，這本名冊累積到一千三百多人，這一路有歡樂也有悲傷。但是，看著孩子們成長，從無助中建立自信，勇敢的走出陰霾，自立更生，成家立業，和一般人過一樣的生活，就覺得很安慰。這不就是當初進入靈醫會的期望嗎？

謝神父不是那種在鎂光燈下才能工作的人，有幾次大家想提名請政府來表揚，卻被他拒絕了：「我不是為了接受表揚才來做這些事。」他意味深長的說：「這一路陪伴他們走過多少歲月，陪他們哭泣，陪他們歡樂，眼看著這些孩子能夠從軟弱中堅強，從被否定中建立自信，再也沒比他們能夠和一般人一樣過著正常生活更值得我高興的事了，這才是我想要的獎賞。」對他來說，這一千三百多個孩子才是上主給予他最好的獎賞。

‧歐洲來的神父

這位就是惠民的殘障之父，謝樂廷神父，他來自歐洲，把「人生以服務為目的」奉為圭臬，將自己的一生無怨無悔的都奉獻給了殘障者。

這本人名冊是謝神父畢生所付出血汗的紀錄，這是一部殘障者血淚交織的滄桑史，其中所記載的每一位殘障者，都有不尋常的生命旅程。

・瘟疫橫行的年代

那是個悲愴的年代，那是個貧窮沒落的年代，也是個流行病毒橫行的年代。

當一波又一波的流行病毒來襲時，許多小孩難逃厄運，幸福者一命嗚乎哀哉，不幸者半生歲月都在地上爬行，或全身癱瘓動彈不得，活在暗無天日的空間。

那年代沒有健保，沒有社會福利，有錢的人患病可以上醫院治療，沒錢的人患病，只有聽天由命，苟延殘喘，任其自生自滅。

謝神父所服務的對象，就是這一類不幸的小孩。謝神父說：「他們的命運都很坎坷，但是都很堅強，就像風中的蘆葦，看起來軟弱，卻充滿韌性。」而這樣的孩子，大都出生在貧窮的家庭裡。

所幸上主垂憐，指派了謝神父這位殘障者的守護天使，一路扶持走過那悲歡歲月，越過坎坷的人生，迎向光明的人生大道。

一個不尋常的小孩

阿榮

在殘障手冊還沒有建構起來的年代，為了找出殘障的小孩，謝神父只好發揮他愚公移山的精神，挨家挨戶查訪，並逐一寫下人名冊。

那天，他來到阿榮家，留下了深刻印象。謝神父說，當他步入門檻後，只見破舊的茅屋裡擠滿了黑壓壓的人頭，七八個小孩玩在一起，而阿榮卻獨自一人躺臥在地上，像一條蟲般蠕動著。當下，如果沒有仔細留意，實在無法一眼看出那是一個活生生的小孩——除了阿榮他那靈活閃亮著的一對烏溜溜的眼睛之外。

第一次見到這樣的情形很令人震撼，也很心疼，所以更覺得該為這孩子做些什麼。從那時候開始，謝神父更加堅定自己的決心和所做的決定。

當我說要送他去醫院治療時，想不到他卻哭了起來。我以為他不願意，因此向前詢問：「阿榮，你不想去醫院嗎？」

「哦！不！不是的，我太高興了，去醫院治療是我盼望好久的事。」

阿榮在振興醫院做矯正手術時，可以說是最能忍耐疼痛的病患，也最努力做復健。護士阿姨問他：「阿榮想不想站起來啊！」「想不想走啊！」想！想！想！眼看他一次又一次的摔

倒，卻強忍著淚水說：「不痛！不痛！不痛！」實在覺得很感動。真的，阿榮比一般同年齡的小孩更能忍受矯正手術時的痛苦，也更讓人心疼。

所謂：「吃得苦中苦，方為人上人。」雖然不一定要做什麼人上人，但阿榮的努力沒有白費，阿榮的苦沒有白吃，他終於能夠站起來了，也學會了一技之長。

要去北部上工那天阿榮來向謝神父告別，他喜孜孜的對神父說：「我終於有自立更生的能力了，多謝神父幫我，您的大恩我永遠記在心裡，等我將來有能力，一定會回報神父的恩情。」

神父笑逐顏開說：「謝謝你，我收到了，有這份心就夠了。」

想不到阿榮那麼有志氣！數年後他自己獨立創業，事業蒸蒸日上，如今已擁有一番局面。這一切，都是靠著他自己的努力得來的。

阿榮的勇敢，也帶動了其他殘障的孩子向他看齊，後來有更多的人從醫院走出來。

謝神父多麼高興啊，孩子們終於找到生命的出口了！

阿義與阿廣

阿義、阿廣

每天，謝神父都會為孩子們默禱一切平安。

這一個夜晚，屋外狂風暴雨，他和往常一樣的祈禱著，電話鈴聲卻劃破了這份寧靜！電話那頭阿義急切的叫著：「神父啊！」

阿義是阿廣青梅竹馬的好友，在電話裡，阿義語氣焦急的向神父求援：「現在風雨越來越大，阿廣家住低窪地區，聽說快滿水位了，堤防也快潰決了，可是阿廣那傢伙，無論怎麼勸他都不願離開。加上他實在太胖了，沒三五個人實在動了不！所以他老媽白天的時候請人過來幫忙，偏偏他不肯。現在水已經淹上來了，沒人肯去，怎麼辦？！」

神父顧不得風雨，二話不說，放下電話馬上開車前去。

外頭，不僅風大雨也大，四周一片漆黑。真不知道那是怎麼樣的一種胸懷，為了幫助別人竟可以不顧一切！

而那固執的傢伙阿廣，別人他都不賣帳，唯獨神父的話他不敢不聽。當神父把他接出來時，水已經漫過堤防。

第二天，那個村落，放眼望去盡是汪洋。

這次多虧阿義向神父求援，否則後果堪虞。

神父說：「阿義的殘障等級是中重度，十幾歲父母就沒了，跟叔父住。叔父家的環境也不太好，加上自己的孩子多，

對這姪子也就力不從心。」

雖然阿義也知道叔父待他不錯，但得了小兒痲痺的他總是有自卑感。

「為了化解他的自卑，我常帶他參與活動。有一次，我帶他去看阿廣。當他看到阿廣的情況比自己更糟糕時，他對阿廣便同病相憐相惜起來，從此兩人就變成好朋友。」

「阿廣是個重度身障的孩子，個性活潑，卻好吃，懶得動。記得送他去振興做矯正時，每次看到媽媽來，就哭著要跟她回去，害她媽媽捨不得走，後來只好帶他回家。造成他今天這麼胖，多半是慈母心的縱容。」

這些都是你的孩子嗎？

阿政、阿村

只要是殘友的事，謝神父定義不容辭……

・沒有代步車

「謝神父，我考上特考，可是上班的地方很遠，我又沒有代步車，怎麼辦？」

這是個性「急驚風」的阿政，他的殘障等級中度。

阿政生長在單親家庭，一家五六口都靠母親幫傭獨力撐起。為了不辜負母親的期望，也為了幫母親分擔家計，他很努力的一邊工作，幫人洗車、撿破爛做資源回收，一邊讀書。畢業以後，他又努力用功考上了公務人員特考。總算皇天不負有心人，他終於如願以償，更有能力養家了。

・藥快沒了

「神父，我的藥快沒了，我明天必須趕到榮總，那位醫師一星期只看一次診，明天有他的診。」這是村仔的呼求聲。

村仔從小體弱多病，四肢萎縮無力，下半身也發育不全，

一切活動只能依賴輪椅。可是他很上進，雖然行動不便，體質弱不禁風，卻總是抱病上學。

「好！好！別急，一切都OK沒問題」

・永不打烊的7-11

「的確，有神父在就沒問題，」這些殘障朋友常比喻說，「神父是我們的加油站、左右手、土地公，或7-11。」

果然，那需要車子的阿政，在正式上班前一星期，就得到了他的電動代步車。神父不但送車子過來，還教他怎麼開，一遍又一遍的教，直到看他學會了安全上路為止。

而那需要醫藥的村仔呢？「好！好！別急，那幾點去接你？」謝神父和顏悅色的問那孩子的意見。「六點半好了。可是我會暈車，神父，可不可以走濱海公路？」神父爽快回答：「當然可以！」結果，真的第二天一大早就上路了。

諸如此類的事時常發生。只要是殘障朋友求助的電話，謝神父都來者不拒，隨傳隨到，有人笑他像二十四小時不打烊的7-11。

・是我的小孩不錯

謝神父彷彿永遠馬不停蹄的在路途上奔馳著：為了殘障朋友就醫的事或訂做義肢，跑台北、振興、榮總；為了殘友就業、就學，跑新竹、彰化。

夜以繼日，年復一年，從泥土路、碎石路到柏油路，從單行道走到雙線四線道，路是越走越寬越平坦。謝神父語重心長的說：「如果這些殘障朋友的人生道路，也能夠越走越平坦那該有多好！」

無論彎彎曲曲九彎十八拐的山路，或是碧海藍天的濱海公路，對謝神父來說都很平常、熟悉。如果道路有知，也會跟他說哈囉吧？

為了幫殘障朋友解悶，謝神父司機兼導遊一路耍寶：「各位旅客，澳底快到了，有誰要加油，或要尿尿的？這裡有免費的加油站和便所可供使用。」

賣麵的老闆很疑惑，問說：「你昨天不是才載了一車小孩來嗎？怎麼今天又要上台北啊？這次是榮總還是振興？怎麼會有這麼多小孩啊？都是您生的嗎？」

謝神父聽了哈哈大笑說：「是我的小孩不錯，但都是別人幫我生的。」

「那他們的父母呢？」

「他們的父母都忙著工作。」

「所以你帶他們，那你不需要工作嗎？」

神父笑著說：「這就是我的工作呀。」

那人更不明白了，又問：「你不須賺錢嗎？」

賺錢？！這回反而讓神父想不通了，真有比幫助人，讓生命活得好，更重要的東西嗎？

事實上，對謝神父來說，服務人群、幫助弱勢才是當務之急。

母女情深

小雅

時間過得好快哦，轉眼間小雅已經長大成人，並且即將從清華大學畢業。今天，我們有此榮幸被邀請來出席這項別具意義的畢業典禮，讓我看到一對堅強的母女，一份偉大的母愛。

對於一個母親來說，要撫養一個孩子平安長大本來就是件不容易的事，更何況面對的是一個特殊的孩子呢！

・永不放棄

記得1982那年剛剛過完年不久，仍然春寒料峭，天氣冷颼颼。蘭陽的氣候總是特別的潮濕，動不動就下雨，令人有種淒風苦雨愁煞人的情懷。就在某天傍晚，天空飄灑著綿綿細雨，灰濛濛的一片，使整個黃昏變得很淒涼。

此時，一位母親抱著重殘的女兒來天主堂向謝樂廷神父求助，說是朋友介紹她來的。那位母親哀訴著說：「我們為了救治這這個孩子，到處尋找名醫，用盡儲蓄，還是找不到治療的方法。」

親友們所能夠給她的提議就是要她放棄，對她說：「你這孩子身體扭曲成這樣子，恐怕沒指望了。即使能夠養活，也是個廢人，將來也會成為你的包袱。」

她很清楚這些狀況，感嘆說：「當所有的人都要放棄她的時候，做母親的再怎麼不濟，也不會放棄自己的孩子。」接著說：「在她出生的時候也是一個很可愛的小孩，是那一場病害她變成腦性痲痺。」

「每當看她四肢扭曲、說話含糊難懂時，我心裡就難過。如今她會變成這樣，都是做母親的我疏忽所致。」她說著說著，眼淚就像斷線的珍珠般一顆顆的掉下來。神父最不忍見到這樣的場面，安慰她，馬上答應她的請求。

・一言九鼎

翌日一大早，謝神父就開著那輛老爺救護車，帶著林姓母女和我們幾個「大小孩」一起前往台北，準備去榮總申請輪椅。

一路上我們都在為林媽母女打氣。誰知，行經礁溪鄉的公路上，那輛老爺車竟出了狀況，後面一個輪胎不翼而飛，車子開始搖搖擺擺蛇行起來。就在這驚險萬分的一刻，神父很鎮定，他不慌不忙馬上把車子停靠到路邊。也許天主垂憐吧，讓我們有驚無險安然過關，只是虛驚一場。

眼看著車子少了一個輪胎，林媽愁眉雙鎖，大概以為神父會就此取消北上了！她口裡不說，我卻了解一個母親的心情。

我安慰她說：「林媽請放心，神父說要帶我們上台北就一定會帶我們去，即使今天不能，明天也會。他一向一言九鼎，說到做到，是個有始有終的人，絕不會輕易放棄。」

果然，神父沒有讓我們失望，他很快就在當地租了一輛廂型車，帶著我們揮「車」北上。

為了趕上門診，謝神父專找那些捷徑或紅燈少的地方開。車子越過平原，穿過山路，穿梭大街小巷。我看那些街道如迷宮，神父卻是識途老馬。他開車技術的熟練及對街道的熟悉，真是讓人大開眼界。

我好奇的問神父：「這些街道您怎麼這麼清楚？」

坐後面的一位殘友說：「神父當然知道路徑，為了帶我們去治療，每個星期跑一兩趟，跑那麼多年了，他已經是老台北了。」

還好，總算趕上門診時間，大家都鬆了一口氣。「耶！」我們都高興的歡呼了起來。

・別氣餒

經過醫師詳細檢查，最後診斷說：「她必須做矯正手術及拉筋復健，這種手術年齡越小做，恢復得越好。可惜，我們只收容小兒麻痺症的小孩。礙於規定，只能夠免費幫助你們治療，至於住宿方面你們要自行處理。」林媽陷入苦思。

這時候有好幾個殘友過來跟神父打招呼，左一聲「神父好」，右一聲「神父早」。神父一邊跟他們打招呼，一邊向林媽介紹說：「這些孩子當初的情況有些比你的女兒還重，是神沒有放棄他們，讓我有機會帶他們來這裡接受治療。經過治療以後，大多數的孩子都能夠學會自立，重新站起來，相信你的孩子也有這樣的機會，別氣餒！」

回來的路上她心事重重，沉默不語。

神父見狀，對她說：「如果有困難就說出來吧，我們可以想辦法解決。」

林媽歉意的說：「我只是在考慮這孩子的就醫問題，該怎麼對家人說才會得到支持。」

「喔！原來是這樣，是該跟家人好好商量，這是孩子人生的轉捩點，給她一次機會她會感謝你的。有需要我幫忙的地方，儘管說沒關係。」

・精神感召

歲月匆匆，幾年後，我在一次活動中再次看見那對母女。我們互相打招呼，林妹妹還認得我，「姐呀！姐呀」叫個不停。時間過得好快，算起來已經過了三年，小女孩長高了，更可喜的是，她已經可以拄著拐杖行動。

我對林媽說：「太好了，妹妹已經可以走路了，您的辛苦沒有白費。」

她卻滿懷感慨，說道：「當時如果不是受到神父的精神感召，我大概會放棄她。但是，當我看到一個外國人都可以為了別人的孩子，無私無我的付出，而我是孩子的母親，又怎能放棄自己的孩子呢？」

・學會堅強

關於這幾年的艱辛，林媽娓娓道來：「那天回家以後，我就下定決心，不管家人會不會反對，都要帶她去治療。她要為孩子爭取一次機會，也是給自己一次略盡母職的機會。經過一

番商討，總算得到女兒的阿爸與阿公、阿嬤的同意。」

「為了兼顧孩子與家庭，我只好選擇通車。儘管路途有些遠，但為了治療女兒的病，只要有機會都要爭取。我估計過，坐早班的平快車，到台北後再轉車到石牌還趕得上門診。」

「那時候，無論是颳風下雨，或是寒冷的冬天，每天都一大早，天色未亮就起來，天空還黑漆漆的呢！為了趕車，從鄉下到大都市，坐火車又轉汽車，對於從未單獨出過遠門的人而言實在是一項考驗。但是，為了孩子，不得不學會堅強。一開始經常出狀況，不是搭錯車，就是下錯站。常常一個人揹著孩子走在陌生的都市街道上，那種茫然若失的感覺讓人有很深的挫折感，很難過，有幾次想要放棄。但是，一想到神父為那些孩子所做的付出，我就慚愧的打消了這個念頭。一路尋問，總是會找得到路的。結果，經過幾次迷路以後，已經變成識途老馬。」

堅強的林媽，學會了積極樂觀，她笑著說：「坐火車也是不錯的經驗，每天來回坐同一班車，日子久了，人也熟悉了，因此結識了不少朋友，有學生、上班族、車掌、站長。當他們知道我們母女的事情，都為我們加油。雖然萍水相逢，但這份情誼給我很大的鼓勵。我期待有一天自己的這孩子可以和他們一樣自由自在行動。」

·沒有過不了的難關

歲月如梭，匆匆去來，轉眼十年過去了。

俗云：「有志者事竟成，皇天不負苦心人。」經過不懈不怠的努力之後，林媽的夢想——女兒可以自由自在的行動，如今終於實現了。

眼看著女兒學會獨立，而且順利完成學業，林媽當初的辛苦得到了多麼好的報酬啊！

林媽雙眼噙淚，感觸良深的對眾親友說：「這孩子比誰都勇敢，從嗷嗷待哺中，就經歷了病痛的磨練。隨著成長而來的是更多的生命挑戰，就如詩人所云：『不經一番寒徹骨，怎得梅花撲鼻香？』經過一番的磨練以後，變得懂事、有擔當，無論身處順境或逆境，都能夠獨當一面，再也不用讓我操心。」

小雅說：「我幾度以為自己撐不下去了，但都在母親的一再堅持下而硬撐下去。不是為了做什麼人上人才這般努力，而是不忍讓媽媽失望。所以，不管是在學習行走中摔倒了多少次，有多痛，或是在生活中遇到什麼挫折，都告訴自己要勇敢一點，沒有過不了的難關。」

・夢想成真

今天對她們母女來說是個很特別的日子。

林媽眼看著女兒終於完成了學業，可以在這個社會上立足，和一般人一樣的生活、工作，覺得自己過去無論再怎麼辛苦的付出都非常值得。如今這一切，不就是她們母女一直以來的夢想嗎？

林媽心懷感恩的說：「這都要感謝謝神父，若沒有他的精神感召與協助，恐怕她的人生就不會有今日這樣的成長與璀璨了。」

這一路走來的確好辛苦喔，但可慶幸的是，女兒沒有讓她失望，比誰都堅強。

林媽說著說著，不禁流下了感激的淚水。

在場的人和我一樣，都被她這份偉大的母愛所感染，不覺眼眶也泛著淚光。此時，我所看到的不僅是一個女孩奮發向上的辛苦歷程，還有一份偉大的母愛所堅持下來的成果。

在這樣的時刻，我虔誠的為這對母女默默的祝福著，希望她們從此可以無憂無慮，走上更寬廣的道路。

更上層樓

林力

今天是林力開在宜蘭市區的連鎖店開幕，與兒子的彌月之喜。

「恭喜！恭喜！不只生意興隆，也是生產報國啦。」

「了不起！白手起家，連鎖店一家一家的開。真是難能可貴，是典型的青年楷模啦！」

賀客們你一句、我一句的吹捧，他並沒有放在心上。因為他心裡明白，能夠有今天的成就，雖說自己曾經費過一番努力，然而若不是謝神父把他從泥淖中帶出來，並一路扶持，恐怕他今天仍然會一如過去，像隻爬行的可憐蟲那樣，一直生活在沒有陽光的黑暗角落裡。

・五歲染病

林力生長在一個貧困的家庭裡，兄弟姐妹眾多，父母對他這個遲來的么兒，抱著可有可無的心情，似乎不像一般人所謂的「屘仔子吃卡有奶」——受到父母比較多的疼愛。

不過，林力生性樂觀，活潑好動，加上嘴巴甜，很得哥哥姐姐們的疼愛，父母對這個「老來子」也就另眼相看了。只是，「天有不測之風雲，人有旦夕之禍福」，五歲那年，他竟

不幸染上「小兒麻痺症」（當時並不知情），一個原本健康活潑的小孩，因此變成了雙腳萎縮、身體變形的畸形兒。

·自卑和孤獨

一開始，父母以為他中邪，請來乩童作法，為他求神問卜，又是畫符又是唸咒，讓他吃了很多符水，仍然不見效果。後來，又請來江湖郎中，還有親友介紹的草藥，零零總總，一帖又一帖，讓他吃足了苦頭，症狀卻依然如故。結果等到送醫以後才發現病因，但一切都太晚了。可憐，在那個年代，若罹患小兒麻痺症，一身成殘，註定將過著如動物般在地上攀爬的生活。

無奈，在1950、60年代知識未開的鄉下，人們不是說他家的風水有問題，就是怪祖先無德，或說什麼前世造孽，今生才會生這個討債鬼。在他的生涯中，除了背負著疾病的十字架，還得承受著這些莫須有的罪名。

為了這莫須有的罪名，林力心裡很自卑，甚至於以為生病也是一種罪，不敢與人打交道、交朋友。他一直過得很孤獨，生活範圍除了家還是家；不敢走出家以外的世界，怕招來更多的歧視或憐憫。

這使得林力喪失了原本活潑樂觀的本性，變得陰陽怪氣，暴躁易怒，像一隻受傷的刺蝟，動不動就和人家起衝突。惡性循環，這又導致他更封閉，更退縮。他以為，自己這輩子肯定永遠走不出去了。

‧改變命運的一天

林力想不到，有一天幸運之神會前來叩門。

談起這一天，林力的眼睛霎時亮了起來。他永遠記得，謝樂廷神父的第一次到來，是在夏天的午後——騎著機車，汗流浹背，被太陽曬成紅通通的臉，卻笑容可掬。不知道為什麼，眼前這位外籍人士，雖然陌生，卻讓林力感覺很親切，內心的那道設防也鬆懈下來，並且對謝神父充滿了比恐懼更多的好奇。親切的笑容，和藹可親的態度，融解了他冰封的心靈。

林力記得，當時謝神父問他說：「小朋友想不想站起來走呢？和一般人一樣的過著平常的生活。」雖然不完全明白神父的意思，但是站起來走，卻是他一直以來的心願，只是如今雙腳已經萎縮無力，怎可能站得起來呢？除非奇蹟出現。

林力心想：「看來又是個作弄我的人。」因此，不由分說，就將謝神父拒於門外了。

‧把希望放在心上

「好在他沒有放棄我，用他那半生不熟的國、台語加上比手畫腳，說服了老媽，我才有機會得救。後來，他送我去台北的振興醫院。本以為全世界只有我是這樣的德性，去到醫院才發現，那裡住著許多患了同樣疾病的朋友。大家熟悉以後才知道，來自宜蘭縣的殘友都是謝神父帶來的。人不親土親，何況同是天涯淪落人，大家互相打氣，聊起來也格外的親切，很快

的便融洽在一起。」

「記得那時候初次離家，對於新環境很不習慣，常想家。好在神父每個星期都會來，偶爾媽媽也跟過來，讓我一解思親之愁。尤其開刀做矯正手術那段日子，更是又期待又怕受傷害，忐忑不安、患得患失的心情很矛盾，也很痛苦。見多識廣的神父卻看出我心中的不安，他總是安慰我說要對醫師、對自己有信心，把希望放在心上、將夢想寄予明天，只要活著都不能夠輕言放棄。我把神父說的話記在心上，縱使復健的時候常摔得鼻青臉腫，全身是傷，只要一想到神父、媽媽為我所做的一切，就再次振作起來，堅持到底。」

「出院那天陽光很燦爛，一大早我向同儕一一告別，帶著愉快的心情打包行李，等待神父的到來。想不到，還沒有走到前院，就看到神父已經帶著媽媽來接我了。臨別前，在醫院門口，神父幫我和媽媽照了一張相片作為留念。做夢也沒有想到，我竟然可以站起來，肩並肩的和媽媽一起照相。一時百感交集，和媽媽相擁而泣，頭一次在神父的面前流下了高興的眼淚。」

「回家以後，神父鼓勵我學習一技之長，於是跟著神父到新竹技能中心學習。為期一年的學藝生涯，讓我展開人生的視野以及對社會的認知，無形中信心也逐漸增加。如今，我終於能夠成就一番事業，養活一家人，這都是神父所賜。」

·迎向燦爛的人生

今天對他來說是個極為重要的日子，事業、婚姻，是他成就的證明。對許多人而言，新店開幕或新婚典禮，最期待的是，昔日幫他成就的人能夠與他共享歡樂。此刻，儘管賀客盈門，首席的位子仍然空著。大家紛紛猜測：這位貴賓到底是誰？何以姍姍來遲？沒有人理解，只有他心裡明白，此刻他的貴人正帶著殘友前去台北就醫。儘管謝神父昨晚已經先來祝賀，但林力仍然難掩心中的落寞。一直以來，他堅持的努力著，希望有一天功成名就，能夠與他生命中的這位貴人分享自己的喜悅與榮耀。

回首過往走過的那段滄桑歲月，每次遇到困難，謝神父總是幫助他、鼓勵他說：「每個人的人生都會有著一些關卡，等著我們去克服；在黎明之前總是避不開一段黑暗時期，只要你堅持下去就會看到生命的曙光。」

神父說得對：「只要撐過黑暗，就會看到黎明的曙光。」林力深自慶幸的說：「當初有神父的鼓勵，才會有如今的我。」

現在的他已走出陰霾，迎向燦爛的人生。他說，這份恩典自己將永遠銘記在心，而這則令人感動的故事，日後將在他的後代中代代傳誦下去。

他舉起酒杯：「各位貴賓、親友，謝謝大家蒞臨，請大家和我一起來敬我最敬重的謝神父。」

運動家精神

・身先士卒

天沒亮，謝樂廷神父就開始忙碌了，開著那輛九人座的車子，把一些大型如輪椅、桌子，小型如茶水、飲料、茶杯等物品，先行送到會場所在的礁溪國小，然後再去接人。每次辦活動，身為惠民殘障中心的主帥，他都是身先士卒。

從冬山的順安到礁溪國小，開車也要費上好幾十分鐘，從早上到現在，數不清他這樣來來回回到底跑了多少趟。已經接近中午時分了，他仍然在忙。

在這種陽光普照、氣溫高升到三十幾度C的日正當中，一般人都躲在冷氣房裡喝咖啡提神，而他卻頂著炎炎烈日，一趟接著一趟，趕著到每個殘障者的住處去接人。

有些人住得很偏僻，交通實在不方便，所以無論他們住在多遠，沒辦法自己前來的，他都要親自去接。他希望，藉著活動，能夠鼓勵那些總是窩在家中的殘友走出家門。

這次的殘障運動會對殘友來說是一項別開生面的新鮮體驗，希望借助這次機會，使他們建立信心，肯定自己，找出自己的興趣來。

在謝神父看來，只要能夠為殘障朋友找到一條出路，再怎麼辛苦都值得。很多人對他這種服務精神都很費解，既不是為了錢也不是為了名利，為什麼把自己搞得那麼辛苦呢？！對於別人的猜測，他不想多做解釋，重要的是，他該怎麼做，才能把這些事做到盡善盡美。

・事必躬親

曾經有不少人想要幫謝神父分憂解勞，他也為此感到高興。因為，這樣一來他自己就可以輕鬆一下。但幾次下來，卻發現殘友不怎麼願意接納。他知道，要一個閉塞的人走出來本來就是一件不容易的事。想當初，自己不知道費盡多少心力，才能逐漸化解他們心中的藩籬；現在臨時來了一個不速之客，要他們敞開心胸，談何容易？結果，他仍然得事必躬親。他想，既然要帶殘友們出來，就讓他們高高興興的參加；對他們來說，能夠出來一趟是一件很不容易的事。謝神父希望，藉著這次運動會的機緣，可以讓他們發揮專長，同時能夠敞開心胸，把自己晾到陽光底下來，好好的玩一玩，這是他的心願。

送回上午的運動員（因為有人體力不濟，只好先行送回），又得去接下午的參賽者，他得馬不停蹄，連喝杯水的時間都沒有。這就是他向來的作風，做起事來總是那麼拚命、認真，完全的投入，卻忽略了自己。

午後的天氣起了變化，原本晴朗的天空，忽然烏雲密布起來，轟隆隆的閃電雷聲隨之此起彼落，嚇得在場所有的人一陣驚惶失措。很快，一陣西北雨嘩啦啦的下下來啦，所有的參賽

者，都躲在走廊下。正在發愁，這時候謝神父像變魔術一般，打開箱子，請志工分發雨衣。大家一看到雨衣如獲至寶，一陣歡呼，感謝神父的神機妙算。他卻謙遜的說：「這種季節常有雷陣雨，有備無患嘛！」原來薑還是老的辣，他這番體貼的心意實在令人感到很窩心。

・要有信心

這時候，會場上的廣播又響起：「各位參加書法比賽的選手請到學校的禮堂來。」沒想到我的名字也在其中。神父匆匆趕來，他推著我的輪椅說；「換你上場了！」我有點惶恐，怎麼會是我呢？！他卻詭譎的笑著對我說：「我相信你有這份能力，事先幫你報名啦！」「可是我沒有準備，更沒有把握，怎麼能參加比賽。」他卻說：「沒關係啦！隨興而已。」若不是他打鴨子上架，打死我也不會參加這場沒把握的比賽。

寫毛筆字，平時在家裡隨興寫一寫還可以，但是比賽就不一樣了。何況我自學才練習三個月，怎能跟人家比賽呢？聽說，這次的參賽者都很有經驗，不但學習多年，且有老師指導，可說都是有備而來，哪像我！想到這裡，我是一點信心都沒有，加上自己的手連拿筷子都成問題，怎會有勝算呢？

無奈，我拗不過神父的一再推舉。他說什麼「要有信心，你的字寫得很好，何況我們這個團體中也只有你會寫」等等，使我不得不硬著頭皮上場。偏偏這時候那一群多事的記者，看我書寫的情形很另類（左手扶起右手寫字），在我周圍鎂光燈閃爍不停，害我不能夠專心的寫。可以想像得到，成績一定很難看。然而這一切能夠怪誰呢？！只能怪自己的定力不夠罷了。寫完字，丟下筆，心情仍是七上八下，想必不會有好成績。

・戰勝自己

志工推我走出書法比賽會場，這時候天空的烏雲逐漸散去。沒多久，總算雨過天晴，一場跑步比賽即將開始，這是壓軸的最後一場比賽。這場比賽，對殘障者來說，不僅是體能也是毅力的挑戰，但仍然有很多人參加這種破天荒的極限競賽，真是我想不到的事。眼看這些參賽者個個摩拳擦掌蓄勢待發，一聲令下，每個人飛奔出去，有的奮力推動輪椅，有的拄著拐杖，都想先馳得點，勢在必得那頂桂冠。

很快的，大家陸陸續續抵達了目的地。這時候，場上還有一個選手，但見他跌跌撞撞不知摔了幾跤，後來幾乎爬不起來，趴在那裡良久。這時候，謝神父衝進跑場，在他身邊不知道講些什麼，掙扎了一會兒，那選手好像打了一劑強心劑，迅速的從地上爬起來繼續往前跑。

他一路上一再摔倒，卻不氣餒。這時候，全場的人都為他加油。儘管他跑得比人家用走的還慢，仍然堅持下去。當他跑到終點的時候，全場掌聲雷動、齊聲歡呼。那樣的畫面好令人感動，斯景斯情將使我終生難忘。

後來，我問神父：「你到底對那位選手說了些什麼，能使他產生力量？」

他微笑的對我說：「也沒什麼，只是幫他加加油、打打氣，順便告訴他，信心是成功的關鍵，相信他有能力戰勝自

己，至於是否能夠贏得獎牌就不那麼重要了。」

‧勇往直前

成績終於公布了，這是每個人所期望的一刻，大家都胸有成竹的認為自己或自己的團體會得獎；只有我不敢有這樣的想法，對自己的成績一點自信也沒有，覺得愧對神父、愧對團體，所以躲開了去。這時候，神父卻高高興興的跑來對我說：「我們得到季軍耶，不錯，不錯。」我卻覺得抱歉，對神父說：「對不起，沒能拿到好成績。」誰知，他卻一臉正經的對我說：「比賽貴在運動精神，即使最後一名也沒什麼可恥。當你竭盡所能的投入比賽中，就已經充分發揮運動家的精神了。一場比賽最重要的不僅是要戰勝別人，也要克服自己、戰勝自己，這也是我帶你們出來最主要的目的。」

聽神父一番話，真如醍醐灌頂，使我恍然大悟，原來他不辭辛勞在烈日下奔波勞累，是為了讓我們這些身障者重新拾回失去的信心。想到這裡就使我汗顏，我怎能再抱著鴕鳥心態來看待人生呢！

感謝神父讓我參與這場別開生面的運動會，不僅讓我上了一課，同時，也贏得一面獎牌，也才知道原來我也可以這樣做。從此以後，我不再自棄，將用心來過生活，勇敢面對人生的諸多挑戰，也相信揮別陰霾之後，更能心無掛慮，勇往直前，走向陽光。

謝天

第一次讓我對天主教感動的是祈禱的儀式。

在一次偶然的機會裡和神父一起用餐，餐前，他帶領著在座的朋友們一起祈禱感恩。雖然只是小小的動作，對於一個來自篤信民間信仰之家庭的我而言，卻帶來了很大的心理震撼。這一個小小的謝天儀式，讓我覺得意義非凡，很感動。為什麼過去我都沒有這樣做呢？我開始自我反省。

・子欲養而親不待

記得每次看媽媽汗流浹背的為我們作飯，炒了一盤又一盤香噴噴的拿手菜上桌，我們這些小孩所給予她的回報，卻只是把飯菜吃個盤底朝天，或頂多說句「很好吃」而已，此外，便彷彿吝於多說些什麼了。媽媽卻毫無怨言，仍然高高興興的日日為我們燒飯煮菜。

如果人生可以重來，我一定會懷著感恩的心對媽媽表達更多謝意。如今，母親已與世長辭，真所謂「樹欲靜而風不止，子欲養而親不待」呀！往事已矣，後悔莫及。

‧恩典數不勝數

在我生命的成長過程中，曾經得到過許多人的扶持與幫助，包括父母的生養輔育之恩、手足和親戚朋友們的提攜之情，還有天地萬物的主宰之神每天的供應等等。的確，值得我感謝和需要感謝的人、事、物，實在很多。

除此之外，我年少時因為生病，曾得蒙蔣經國總統關心和幫助，對我而言，這是一項特別的經驗和殊榮。而在我就醫的過程中，也有許多救國團的輔導員大姐、大哥們一路相挺。為了幫助我就醫，他們來來回回無數趟奔走於醫院和我的住家之間，那麼的盡心盡力、親切體貼，叫我永誌難忘。

尤其，認識了謝樂廷神父，真可說是我人生的一大轉捩點。從他身上，我看到了人生的「真善美」，也學到了對生命的尊重與珍惜。住進安養院以後，又受到院長柏修士的禮遇、李智神父的引導信仰，還有那些護士及看護的盡心照護，讓我忘卻離家的憂傷。

還記得，學習電腦的那段歲月，謝神父風雨無阻的接送，吳念真大哥的相贈電腦，林老師的傾囊相授，莫不叫我感恩。而認識陳仁勇醫師則是我寫作生涯的一大關鍵，這一路來，若沒有他的鼓勵與指導，我大概寫不成書。有他這樣的良師、益友，人生夫復何求呢！

·美善人生

當沒能好好的一一答謝的時候，我只有心存感恩。可惜，我沉思得不夠，也感恩得不夠，或許是自己太自以為是，總認為成長是件理所當然的事吧。因此，當我第一次看到神父的感恩儀式時，才如醍醐灌頂，一切明白了過來。

感謝神父不僅讓我明白「謝天」的意義，懂得感恩，也學會了對生命的尊重。現在，我開始了解到，即使一項小小的儀式，其實也可能包含了極其深遠的哲理，而生命也將因為善美而變得更美麗。

原來，有愛的人生才會溫馨可愛。如今，有多少愛在我心中，就有多少美麗和良善跟隨。

藝術者

阿來和阿電

・阿來做的西服

中秋過後，宜蘭的雨季又要開始了。

這幾天，淅瀝瀝的下著毛毛細雨，天地之間彷彿成了一幅潑墨山水，到處瀰漫著水氣，濕淋淋的。望著這樣的天氣，不禁叫人嘆息：唉，看來短期內很難見到陽光了。

謝神父本來從衣櫃裡拿出一套西服，卻又隨手放了回去。一會兒，似乎想到了什麼，又再次將它拿出來，掛在靠窗的地方。

想不到，接近中午時分，陽光偷偷露了臉，乍隱乍現，像害羞的小女孩，來了一下又躲到雲層後面去了。好在她還算仁慈，總算留一點溫度，可以去除衣服上的霉味。剛剛好，這套西服今天能派上用場了。

這套西服已經做了好多年囉。除了一年一次的元旦，孩子們全都回來相聚，謝神父會應孩子的要求，不得不穿上一次外，就一直將它掛在衣櫥裡。這件西服做得很精緻，可見阿來是多麼的用心。

・阿來和阿電

阿來這孩子，真的很難得，身體雖然有缺憾，卻從沒有自暴自棄。為了學習一技之長，他任勞任怨的在師傅家做雜役。後來，師傅看他乖巧有耐性，才心甘情願的將技術傳授給他。所以，他不到三年四個月就出師了。

阿來說：「神父，我第一件作品，就是幫您做一套西服。」

謝神父憶述道：「我跟他說不用，他還是不聽，想不到第一件作品就做給我，真讓人覺得很窩心。」

他和阿電都是輕中度的肢體殘障，當初把他們帶到惠民來，兩人成為好朋友後，比較成熟的阿來會勸阿電不要天馬行空做夢，要踏實的努力。如今，阿來看到阿電已經做出一番成績來，也感到很高興。

今天就是阿電接受表揚的日子，地點在台北。所以，謝神父起了個大早，才來得及送阿電到現場。

幾天前，阿電就來央請謝神父參加他的表揚，他說：「神父，我能夠有這份榮耀，都是您的教導與賜予；如果您不來與我分享，那我得這份獎有什麼意義呢！」說得義正詞嚴。

儘管不喜歡這樣的場面，謝神父也只好義不容辭的參加了。

・阿電一頭栽進藝術

唉，歲月匆匆去來，時光過得好快哦。謝神父想起頭一次

看到阿電這孩子時是在路邊，他一個人孤獨的玩著跳房子。

問他：「為什麼不跟同儕在一起玩？」

他臉色難堪的說：「他們說我是跛腳仔，所以不跟他們玩。」

「小朋友，你想不想把跛腳治療好呢？」

他眼睛睜得好大，問我：「真的嗎？」

「當然，大人怎麼會欺騙小孩呢！你帶我去見你的父母。」

沒想到，他的父母一聽說開刀就害怕，說什麼也不讓他去。

為了鼓勵阿電走出陰霾，謝神父之後便常帶他出來參加活動，希望和一些同儕在一起，能改變他孤僻的個性——想不到，他卻變成最活躍的一個。原本以為，這樣的他大概也沒辦法安心的坐下來學習技能——沒想到，他一碰到那些藝術品，竟能安安靜靜的做了老半天也不厭倦。後來，他即使娶妻生子當了爸爸，仍然對藝術未能忘情。

自從阿電爸爸過世以後，家裡的一切就由媽媽扛起，當時他還沒有足夠的能力養家。然而，即使他現在已經娶妻生子，家裡的一切仍是由媽媽作主。而他呢，平常跟著老媽做資源回收，一有空檔就整個人投入藝術的領域裡。想不到，做事沒有三分鐘熱度的他，竟然能夠一心一意的做起藝術來。

・榮耀和肯定

所謂：「精誠所至，金石為開。」阿電的努力不懈終於有了成果，這是多麼令人欣慰呀。

頒獎大會上，司儀大聲宣布：「亞洲民族工藝藝術獎，第一名：沈電。」這個獎，使得阿電受到了眾人矚目，就像眾星拱月般得到榮耀和肯定。

這時，謝神父忽然聽到台上有人叫他：「歡迎謝神父，請上來！」

謝神父被拉到台上，一陣掌聲響起。

謝神父心裡正想著：「他們搞錯對象了吧！」卻聽到阿電充滿感恩的聲音，說道：「我能夠有今天的成就，多虧謝神父的幫忙。他鼓勵我，凡事不能輕易放棄，做事要有始有終。」

「哦！又來啦！這孩子真是的，又不是不知道我最害怕這樣的場面。」

泳者・勇者

・殘障者能夠游泳嗎？

對於殘障者能不能夠游泳這件事，曾經一再被否定。

然而，有先見之明——應該說有細心觀察與體認的謝神父卻認為，殘障者下水不但可行，而且將會是如魚得水。

這是這些年來他帶無數殘障小孩學游泳後的心得。

很多人起初並不認同他的做法。但謝神父明白，有些事沒有親自嘗試過就放棄，那未免太可惜了，而且，也許有時會因此錯過學習的良機。

謝神父很慶幸當初的堅持，才沒讓明珠遺漏。他一想到那個孩子，心裡就溫暖起來。那孩子看上去是那麼瘦弱，想不到卻有那麼堅強的意志力。在神父的眼中，他是不可多得的勇敢男孩，嘴邊最常提到的也是他。

每次謝神父都帶著欣慰的心情，滔滔不絕的述說那孩子如何難能可貴。而且，往往說著說著眉睫就開始飛舞起來。

‧昔日是旱鴨子

謝神父說：

「唉，真難為他，在還沒有成名以前，他也是個旱鴨子。每次我帶殘障朋友去游泳，他也會跟著去。可仙杜拉的魔棒一點，他就變得如此神勇，比起賽來如入無人之地，而這一切其實都是靠一份堅強的意志，以及努力不懈而來。」

「起初，大家都下水了，只有他遲疑不決，待在泳池旁邊，久久不肯下水。叫他一起下來學，說什麼都不肯。有一次，不曉得是有人故意推他，還是自己不小心落水，一時之間驚慌失措、手忙腳亂，掙扎著喝了幾口水，被我從水中扶起時，臉色已經一片慘白。」

「事後，他對我說，覺得自己很遜、很難堪。在痛定思痛後，決心想學會游泳，請我教他泳技。剛開始，見到水心裡仍然有些掙扎。我對他說：『如果你沒能克服心理障礙，那就很難實現夢想。』他是個聰明的孩子，聽了我這番話後，就知道自己該怎麼做。儘管仍然怕水，偶爾還會喝上幾口，但每次下水他都很認真的在游。剛開始，他常問我要怎樣才能把游泳學好，我說：『其實不困難，忘記自己的缺陷、忘掉自己，在水中把自己想像成一條魚，與水融合，很自然的就能夠水到渠成。』」

「從那時候開始，每天上課他都最先到，比誰都認真，頭一個下水，最後一個上來，比別人多游幾趟也不會累。夏天如此，冬天也一樣，從不懈怠。」

‧今日是水中蛟龍

謝神父繼續說：

「昔日那副瘦骨嶙峋的身體已經不見了，這段時間他把自己鍛鍊得很矯健，下水宛如水中蛟龍，活靈活現，來去自如，已然脫胎換骨，再也不是昔日那個弱不禁風的小子。」

「第一次參加縣運的時候拿到亞軍，這給他帶來莫大的鼓舞。他跑來跟我說：『我應該可以游得更好，您相信嗎？』我對他說：『信心是成功的關鍵，只要你相信自己可以辦得到就沒問題了。好好加油！』從那時候起，他像著了魔似的沒日沒夜的勤練，從幾十公尺，到幾百公尺，甚至一千公尺。本想勸他不要把得失看得太重，可是當我看到他在水中游泳時，一副怡然自得、優游自在的樣子，我明白這時候的他已經游出心得了。」

「這一路來看，他不斷的努力，逐漸的成長，這比他得什麼大獎要來得有意義多了。所謂：『有志者事竟成。』一個人的成功絕不是出於偶然。這次他有備而來，參加了省運，果然不同反響，不但成績獨占鰲頭，也得到在場觀眾熱烈的掌聲。」

「所以說，一個人的成敗，不在於宿命，而在於自己該怎樣去面對它。突破藩籬，跨越障礙，這樣，命運就可以隨我掌握。」

「從看他在地上爬行，教他學習站立，學習如何走路，到帶他走出去，這一路來，有歡笑，有淚水，還有更多的辛苦，如今都熬過來了。眼看著他努力發揮自己的潛能，我感到欣慰。我不在乎他有沒有得到冠軍，重要的是他已經成長，懂得肯定自己，勇敢的走出去。」

「此時覺得該是放手的時候了，就讓他獨自飛翔，去開創自己的天空，我自己還有更多的任務在等著呢。」

無欲之樂

阿岳

・這是誰的電動輪椅？

昨天神父來電說今天有彌撒，這是行動不便的我最感快樂的事，剛好可以藉此出去呼吸新鮮空氣，欣賞一下自然風光。所以，我一大早就已準備妥當。其實也沒有什麼東西可帶，只有帶一顆虔誠的以及愛玩賞的心。

雖然時序已入初冬，午後的陽光仍然一片璀璨，那風和日麗的柔柔風情，沐浴其間更讓人心曠神怡。

謝神父為了讓我多一點時間用電腦寫作，犧牲他的午休，先帶我過來。

車子一路飛馳。天在飛揚，心在飛揚，人也在飛揚，坐上神父開的車很放心，既快又穩。

每次上教堂望彌撒時，都會看到一輛電動輪椅。

我好奇的問：「神父，這是誰的輪椅，怎麼常看到它放在這裡？」

謝神父說：「這是阿岳的車。每天早上他會來這裡開三輪車上工，我再把電動輪椅牽進去屋內充電，這樣當阿岳下工回來時，才有足夠的電力開回去。」

「哦，原來是這樣，那真是辛勞您了。」

「哦，不！」謝神父說，「能夠看他振作起來，為自己的人生努力打拚，這點忙又算什麼呢。」

說來阿岳的際遇很不幸，他原本是個身體健全的青年，一場車禍卻使得他的人生完全變樣。

・變調的人生

那是數年前的事了，當阿岳被送到醫院時已經奄奄一息。

一陣淒厲的哀叫聲，把所有的人都驚醒過來。這是阿岳的哀叫聲。他醒過來了，滿心焦急等在身旁的親人高興的吸了一口氣。可是，躺在病床上的病人卻發現了比世界末日更可怕的事：他的雙腳沒了！真希望這只是一場噩夢，偏偏他自己的頭腦卻是這麼清醒。哦！這不是真的。他的腳一向是最靈活的，怎會沒了呢！如果腳沒了，人生也差不多毀了，活著還有什麼意義呢？！

這也難怪他會怒吼。一個原本雙腳健全的人，忽然間變成殘障，叫他情何以堪？親人們你一句、我一句的交談著。但就如老人所說的，這一切都是宿命。要怨誰呢！

病人可不這麼想，他質問老父，為什麼那麼殘忍，不等他醒過來問問他的意思，就擅自決定，讓醫師把雙腳鋸斷？

父親顯得很無奈，說：「如果不做這樣的決定，我不是更殘忍嗎？哪有做父親的眼睜睜的看自己的孩子面臨死亡，而袖手旁觀呢？」

所以，當醫師對做父親的說：「你的孩子必須截肢，否則

生命會有危險。」一聽到會危及生命，哪還敢猶豫，當機立斷便答應了。

為人父的他並不後悔，即使兒子阿岳對他抱怨：「為什麼要答應醫師截肢，使我妻離子散，使我的整個人生都變了調？」他仍然肯定當初的決定。

老父語重心長的說：「夫妻本是同林鳥，大難來時各分飛。新婚妻子跑啦，就讓她跑吧。不能共患難的妻子，留也留不住，遲早會走。」幸福毀了可以再建造，人生嘛，留得青山在，不怕沒材燒，只要活著，就有希望。

可是，阿岳總是耿耿於懷，沒辦法忍受生命中有這殘障的標籤。這樣的打擊一度讓他撐不下去，竟選擇自殺。他記得自己把整包藥都吞了下去，朦朧中只聽到老父的呼叫聲：「阿岳！阿岳！」

當他被救醒過來時，看到年邁的父親滄桑的容顏上閃著淚光、神情焦慮的守候在病床旁邊。那一剎那，他才發現，原來自己是多麼不孝啊，只顧自己的感受，卻不去體會老父的心情。從那時候開始，他不再想自殺的事，也不再自暴自棄、怨天尤人，只是仍擺脫不掉那份自卑感，整天窩在家裡。

·路是人走出來的

某天，他從小一起長大的玩伴阿忠，帶著一位外籍的「阿兜仔」神父來看他。

那位神父講得一口字正腔圓的國語，對他說：「年輕人，加油啊！人生難免有許多不如意，順境、逆境要看你怎麼取捨。你若勇敢的跨越出去，轉換一下心情，也許會在轉角處，發現另一片天空，有著更怡然亮麗的風情。」

後來，他隨著阿忠去參加謝神父所舉辦的活動，才發現到這世界原來還有許多不幸的人。但他們每個人似乎對自己的殘障並不以為意，生活態度也都很樂觀。這時候他才了解，原來不幸的人不只他一個，不幸的人也可以有快樂的生活，只要自己肯努力，人生也一樣可以生活得璀璨亮麗。

從那一刻開始，他幡然醒悟，告訴自己要發憤圖強，別人能，他也能。

阿岳主動跑去找神父，說他想要工作。但是，「工欲善其事，必先利其器」呀，於是神父帶他去榮總申請電動輪椅，到振興醫院學習技能。想不到，醫師卻對阿岳說：「對不起，目前醫院只收容小兒麻痺，等以後再看看吧。」這使他原本打起的勇氣全被打消了，一路上默不作聲。神父見狀，拍拍阿岳的肩膀，安慰他說：「阿岳，別洩氣，一枝草一點露。這裡不行，我們另想辦法，路是人走出來的，俗話不是說：『天下無難事，只怕有心人』嗎？」

・知足常樂

後來，阿岳說他想做小本生意，販賣一些小東西，無論吃的或用的都可以。謝神父看他真的想開了，就和阿岳的父親商量，結論是：老爸為他打造一輛三輪車，神父為他申請一輛電動輪椅。就這樣開啟他人生新的一頁。

他很認真，每天開著車子從三星的鄉下出發，來到接近市

區的惠民殘障中心謝神父的教堂換車，再開了那輛神父幫他充足了電的車子，從早到晚到市區兜售生意。神父說：「其實錢賺多賺少都不重要，重要的是他懂得對自己的人生負責。」

正當和神父聊著，從遠處傳來車子碰碰的聲音，謝神父說：「阿岳回來了。」他趕緊把電動輪椅牽出來。

這時候阿岳已經到達，他很有禮貌的向謝神父問好，也笑嘻嘻的跟我打招呼：「阿妹你也來了！」他都叫我阿妹。

「是啊！」我回答他，「今天要望彌撒，所以來了。」

「今天的生意好嗎？怎麼那麼開心？」神父看他一進門就興高采烈，所以這樣問。

「不好，不過我好高興！」

「為什麼？」我和神父不約而同的問他。

想不到他卻笑嘻嘻的說：「我被警察開了一張紅單！」

我們更納悶了：「那你怎麼還那麼高興呢？」

他接著說：「那警察後來認出我是上次撿到皮包、拾金不昧的良民，就把紅單收回去，並向我買了一盒口香糖。本來我不收他的錢，但他硬塞給我，並對我說謝謝。」

「為什麼？」這下子我們更訝異了。

他那張樸實憨厚的臉卻現出詭異的笑容，接著說：「那警察說，皮包是他姐姐的，裡面的錢是會款。如果錢沒找回來，依他姐姐的個性可能會想不開。」

哦，原來如此。是啊，好心真有好報。

接著，他從袋子裡拿了一盒花生糖給神父，要請大家吃。

神父推辭著：「不！還是拿回去和老爸共享吧。」

他說：「我有留一盒要給老爸。」

我插話：「既然他有這份孝心，神父您就接受他的好意吧！」

神父終於點頭說：「好吧！那我就留著，和大家共享。」

阿岳這才高高興興一路哼著歌回去。我們目送他的背影。此時，夕陽的光芒正投射在阿岳和神父兩人的身上，一個正高興的唱著歌回家，一個則慈祥的微笑揮別，那樣的畫面很溫馨，使我那顆久已冰封的心也感到溫暖起來。

此刻我彷彿看到另一個顏回，一簞食，一瓢飲，在陋巷，人不堪其憂，而阿岳哥卻自得其樂。俗諺：「知足常樂。」越是簡單的生活，就越容易過得快樂。原來無欲求，才是人生的快樂之本。感謝謝神父，感謝阿岳哥，讓笨拙的我又上了漂亮的一課。

浪子回頭金不換

阿發

・半夜鈴聲

最怕是夜晚來臨，那急促的電話鈴聲，以及拍門聲；不是怕打擾，而是害怕那些突如其來不祥的事。

那天很晚了，正準備就寢，忽然一陣急迫的叫聲：「謝神父，謝神父，是我們哪！阿義、阿健。」

謝神父趕緊起來，外衣也沒披就去開門。

「神父，阿發可能出事了。這幾天我們去找他，還會回答，叫我們別理他；今天叫他卻靜悄悄的，也不出聲。聽鄰居說，他早上還在大呼小叫；結果今天傍晚我們去找他，卻一點聲音也沒有。有可能出事了。」

神父一聽完，拿了衣服就往外衝。等到了阿發那裡，一叫再叫，門總是不開。後來找來開鎖匠，一打開門，阿發果然橫躺地上，一動也不動。神父把他抱起來，馬上送往醫院。

醫師說：「還好神父送來得早，要不，後果可不堪設想。」

那天晚上神父寸步不離一直守候在阿發身旁，幫他擦汗，幫他試溫，直到燒退了，脫離險境為止，已經是第二天的中午了，他才拖著疲憊的身子回教堂。

當時，一些守候在急診室內其他患者的家屬，都誤認他們是父子關係，否則怎麼會那麼盡心的守候著。神父說：「其實也可以這麼說，雖然他們不是我生的，卻都是我的小孩。」

的確，對這兒每位殘障者來說，謝神父是他們的父親與朋友。一有病痛，無論半夜或白天，找他幫忙就醫，他一定幫忙接送；需要肢架找他幫忙，他一定前往台北訂做。只要是殘障朋友所需要的，無論是多麼困難的事，他都義無反顧去做。雖然他不是生養他們的父親，為他們做的事絕不比父親少。

自從那次阿發出院以後，沒有人再見過他，彷彿從這個世界消失一般，一點蹤跡也沒有。有人說，他可能看破紅塵，到深山古剎出家去了；也有人說，他想不開，又去別處搞自殺了。眾說紛紜，莫衷一是。三年、五年過去了，還是音訊全無。

．神祕賀卡

直到那年的聖誕節，神父收到了一封充滿敬意的賀卡。之後，每年的這個時節，總會收到一封沒有簽名的信。雖然有人把神祕卡片與阿發聯想在一起，但又覺得這不像他那種大剌剌的人會做出來的事。

儘管大家胡亂猜疑，但只有神父欣然接受，說：「是誰並不重要，重要的是他有這份心，才會年年寄來賀卡。」

雖然神父這樣說，但想必他心裡已有譜吧！或者就如神父所說的，是誰並不重要，重要的是誠意夠就好。

歲月如梭，年復一年，人們也漸漸的把阿發淡忘了。

・拉風轎車

在一個冬季的午後，天氣乍晴還雨，灰濛濛的天空仍不時飄著濛濛細雨。

已經下了半個月的雨，無論牆壁或地上都是一片潮濕。好不容易今天放晴，神父忙著清理聖堂上的東西。

正在忙得不可開交之時，一輛很拉風的轎車忽然開進教堂的前院停下來，接著，從車子裡頭踏出一個西裝筆挺的男士出來。

神父沒有抬頭，仍兀自忙著。在一旁的教友反而抬起頭來對著來人看，直到那人走進來，畢恭畢敬的叫著：「謝神父，好久不見！」

神父才一抬頭，就驚喜的喊道：「啊呀！你來了！好久不見，你過得好嗎？」

那人卻有點激動，不覺間眼眶紅了。他直看著神父，心裡想著：在這個世界也唯有眼前這位仁慈，待我如子的謝神父才會關心我。

・平安回來就好

這時候在教堂內的一些好奇者也都圍過來詢問。

原來是阿發喔！阿發儼然換個人似的，一身容光煥發，精神抖擻，變得成熟穩重，很有大老闆的架式。

「幾年不見，你在哪裡發達啊？怎麼不跟我們聯絡，大家都很想念你。」於是大家你一句、我一句親切的招呼。

大家的熱情反而使他不知所措，雙手合掌說：「害大家操心，實在很不好意思。」

神父慈祥的對著他說：「平安回來就好，其他都不重要。」

阿發語重心長的對著這些人說：「這些年來我跑很多地方。離開故鄉以後，我一個人到處闖，拚命的工作。我想要改造自己，一邊工作一邊讀書。有時候一個人接兩三份工作，有時候更多。那時候心中只有一個意念，突破困境，挑戰未來，做個社會的精英份子。所以我努力以赴，工作賺錢，不斷的進修再進修。老闆看我這麼勤奮，很賞識我。後來，有一位同事看我這麼拚命，問我要不要和他共同創業，他說：『你出勞力，錢由我來想辦法。』就這樣，我們成了夥伴，工廠一間間的拓展，事業蒸蒸日上，甚至繼續向國外發展。如今算是小有成就。這都要感謝神父的提攜，若不是他當初鼓勵我，資助我，怎會有今天的成就！」

・飲水思源

大家異口同聲的說：「很好，很好。人嘛，要懂得飲水思源，也不枉神父疼你一場。」

這樣突如其來的場景，的確出乎神父的預料，但能夠看到阿發的成就真令人感到寬慰，不過更重要的是，他終於勇敢的走出來啦。神父不覺的劃起聖號來：「感謝上主。」

「阿發，你現在可是大老闆喔，仍然願意和我們這些人做朋友嗎？」

面對這些昔日的老友這樣逗他，他一改以往粗魯的口氣，溫和的說：「歡迎大家隨時來找我。」

大家一聽阿發如是說，一陣歡聲雷動，掌聲此起彼落。

心情最高興、笑意最濃的謝神父，欣慰的看著眼前這一切，他不覺也跟著拍起手來，而且不斷的說：「好！好耶！」大家也開心的跟著他說：「好耶！」

那天，在場的眾人，不管是誰，莫不為著阿發的平安歸來和成就感到安慰和快樂。結果，一場「浪子回頭金不換」的喜劇，就在眾人失控的掌聲中落幕了。

7-11 愛心專送

・誰能幫我？

自認識謝樂廷神父以來，從沒有看過他清閒過。別人工作一週還有週休假日，而他呢，別說是假日，即使半夜三更，只要有人請他幫忙，他都欣然接受。

就像現在，已經半夜了，謝神父仍然留在醫院的急診室裡陪我這個重殘之女。然而我不是孤女，只因父母年邁。

這都要怪我這場病啦，也要怪我太無擔當，只不過是小小的老毛病，身體就起罷工。

從早上醒來就開始不舒服，本以為和往常一樣，只要撐一下子就沒事了，哪裡知道到半夜心臟搞起怪來，後來連血壓也直直落。本想就這樣隨去它吧，偏偏父母堅持送醫，催促我打電話請謝神父幫忙。

在這個偏僻鄉下，又是深夜裡，誰能幫我？別說叫不到車子，即使可以叫到車子，我也沒有力氣自行上車。而家中都是老弱殘疾，年邁的阿嬤與父母，根本沒辦法幫我忙。想來只好帶著抱歉的心情，打電話向謝神父求助。

・真有那麼好的人嗎？

人家說：「百聞不如一見。」在還沒有認識謝神父以前，就風聞他對殘障者提供的種種服務。那時候，心中還在懷疑：「真有那麼好的人嗎？」認識他以後才知道一點都不假。

就像現在，當我撥通電話，把他從睡眠中吵醒時，以為他會生氣；誰知道，他反而安慰我，叫我別擔心。而且，很快的便開車前來，把我帶到聖母醫院。

抵達急診室時，我已經漸漸陷入昏迷。醫師幫我診治，護士幫我打針、掛點滴，一邊卻唸唸有詞說：「怎麼人搞成這樣子才送來，血壓那麼低是很危險的事。」害得神父也為我擔心起來，不時的問我：「感覺怎麼樣，有好一點嗎？」

我想，醫師是言過其實。這一點毛病不算什麼，只不過是貧血加上腸子的老毛病，以及肌萎的後遺症，如此而已。這些毛病對我來說已經司空見慣了，此時我唯一擔心的是：還要在這裡耽擱多久才能回家呢？說真的，讓謝神父整夜裡在這充滿藥水味與呻吟聲的急診室內陪伴著我，我實在感到過意不去。

我眼看著謝神父一會兒幫我調整點滴，一會兒摸著我的額頭，一會兒劃起聖號為我祈禱，心裡真有說不出的感恩。

・神父依然醒著

即使在深夜，急診室裡仍是個不眠的夜，此時醫護人員進進出出正忙碌著，像個隨時備戰的戰士，為拯救生命而努力。

折騰一天的病人與家屬似乎也都累了，睡得很沉，鼾聲與呻吟聲此起彼落。

陪在我身旁的神父，卻依然醒著。

本來父母要跟著來，神父卻體諒父母年紀老邁不宜操勞，叫他們在家等，所以一切就由他代勞。

·不能逞強哦！

看著一個不是我的親人，卻待我如親人的神父，如今徹夜不眠的陪著我，叫我如何不慚愧？如何不感激？想到這裡怎麼好意思再病下去！

我告訴自己：要振作起來，勇敢一點，努力讓自己儘快好起來。

隨著點滴的流入，彷彿是一股溫馨的暖流，讓我全身感到舒暢，人變得有精神起來。所以，當醫師說要我住院的時候，我拒絕了。因為，我清楚這種病即使住院也於事無補，何必再拖累別人。

由於我的堅持，神父只好帶我回家，卻仍然不放心，關心的問我，說：「你真的沒問題嗎？身體看起來還那麼弱，不能逞強哦！」

我點頭說：「沒問題，謝謝您。」

·神父的願景

已經過了午夜，卻沒有一點睡意。在車上，我們一路閒話

家常。神父很健談，幽默風趣。他可以把嚴肅的議題，用輕鬆的語言表達出來。這一路所談的，都是如何使殘障朋友過得更好的生活願景。

謝神父說：「先重建有障礙的身體，才能建立自信。有了信心才有勇氣，勇敢的面對人生的考驗。」

所以，謝神父希望殘障朋友都能夠學習一技之長，能獨立自主，做自己生命的主人，和一般人一樣過個有尊嚴的生活。

我現在完全明白了，為什麼人人稱呼他為「殘障者之父」，這不是沒道理的。

・殘障者的曙光

月落西沉，天色將白，新的一天即將來臨。

這是個令人難忘的夜晚，除了撿回一條命之外，也讓我見識到生命的高貴情操。

感謝謝神父的援手，因為他的仁慈，使殘障者看到希望，因為他的熱忱，帶給這個冷漠的社會一股溫馨的暖流。

從謝神父的身上，我看到殘障者未來的曙光。相信在他的協助下，我們的明天會更好。

・全天候服務

身體恢復過來以後，打電話過去向謝神父道謝，不巧，他剛好不在。接電話的是服務中心的志工鄒小姐，我們有數面之緣。

與鄒小姐聊了一陣子才知道，從1960年代開始謝神父就接手殘服中心，當時他只有二十七歲，滿腔熱忱，對這份工作一開始就非常投入。

鄒小姐說：「1950、60年代適逢小兒麻痺症流行，神父發現許多殘障朋友求助無門，在沒有福利作為保障的同時，他決定挺身而出，拉他們一把。他積極的為殘障朋友尋求人生的出口。這時候，適逢蔣宋美齡夫人所創辦的台北振興醫院有收容與治療小兒麻痺患者。他義不容辭的扛下這份責任，而他的願景是希望有一天看到這些小孩能夠抬頭挺胸，自立自強，生活在陽光下。為了這樣的使命，他義無反顧，這數十年來從不間斷，不管什麼時刻，他的服務就像7-11一樣全天候。這回他又送一些殘障朋友去台北榮總與振興醫院，今天可能會比較晚回來哦，因為他還要到新竹仁愛技能習學中心，接幾個完成學業的殘障朋友回來。」

‧寶貴的一課

聽她這麼說，我只好明天再打來。

感謝志工鄒小姐，今天讓我上了寶貴的一課，也讓我見識到生命的高貴情操。直到現在我才明白：原來平凡的人，也可以做偉大的事業。

所謂：「德不孤，必有鄰。」希望謝神父的義行能夠獲得更多人的共鳴與支持，也願這世界會變得更溫馨、更美麗。

推手

・來自傳統家庭

我是個生長在信奉民間信仰的傳統家庭裡的孩子，從小耳濡目染的，除了神佛廟宇、祖先牌位，就是看著阿嬤、老媽手持三柱香，朝天膜拜。她們說，那是管理宇宙一切的最大神祇，天公。

在這種民間信仰根深柢固的家庭長大的我，沒想到會成為一個天主教的基督徒，這該是一種何等神奇的因緣聚會。

人生的際遇變化無常，如果不是一場大病，使我失去健康，也失去了一切，我不可能認識謝神父，也不可能接受他的幫助，更不可能受洗成為基督徒。

・望彌撒的日子

其實要成為基督徒容易，但是要成為虔誠的基督徒卻不簡單。光是持之以恆的望彌撒，對我這個不能行動的小女子而言，就不是一件容易的事。所以，我非常感謝謝樂廷神父，每次望彌撒的日子，他都會開著那輛有裝置升降機的車子，從羅束來宜蘭醫院接我上教堂。

今天又是星期六望彌撒的日子，天空陰霾，有著幾許的涼意。當我準備好一切，神父早就等在急診室門口的停車場。

因為謝神父腳痛，所以我請他不用進來推我，請醫院的勤務推我出去就行了，這樣可以使他的腳少受一點罪。

遠遠看他坐著和守衛聊天我就放心許多。神父那個性是閒不住的，如果我太慢出去，他肯定會不顧腳痛走進來找我。

・碰到熟人了

遠遠的望去，看他跟人家談笑風生。

原來碰到熟人，那人對神父畢恭畢敬的。

上車以後，神父說：「那山地青年住四季，大專畢業以後原本一直賦閒在家。現在在醫院工作好像滿開心，希望他能夠安定下來。」

後來，連宜蘭醫院這裡的人也都知道了神父樂於助人的事。

彌撒是晚上舉行，由於我想上網找一些資料，所以請神父下午來接我，讓我多寫一些東西。

自從學會電腦以後才發現，原來用電腦寫作很方便。所以，我都利用上教堂的時候，請神父提前讓我過來，才能多寫一些。

・神父老了

當謝神父把我從車上放下來之後，慢慢的推著我到電腦桌旁邊，並幫我按好了電腦才放心的走出去，告訴我說要去壯圍

接那位小胖妹做復健。

看他雙手拄著手杖，步履蹣跚一拐一拐的走，這才發現原來神父已經老了。

回想以往的他孔武有力，那一雙手不知道扶持過多少個身障者呢！每次有活動，都是他一個人操勞。為了讓我們這些人像正常人一樣，感受團體活動、享受青山綠野的美，他總是不辭辛勞的帶我們一起跑。

那時候，神父只要一下子工夫，就能輕輕鬆鬆的把我們抱上車。想不到，如今神父卻已然老態龍鍾……唉，真是歲月不饒人啊！

・後繼無人

也許依賴慣了神父，都以為他是不壞金剛，卻忽略了他也會老、會病。

一向健壯的神父，晚年卻因雙腿關節出問題，必須換人工關節。偏偏他又有心律不整，不敢貿然開刀，所以一直躊躇不前，忍受著痛。

本想請神父別再那麼勞累，但又有誰可以承擔他的任務呢？

在後繼無人的情況下，他說，看天主的主意吧！能夠做，就盡量做，即使到鞠躬盡瘁。

・背影

謝神父說：「小胖妹家有六個兄弟姐妹，除了她的爸爸和大哥是正常人以外，其他都是殘障，在這樣的情況下，能不幫忙嗎？」

所以，神父這時候必須接她到聖母醫院做復健，希望能夠改善她日益萎縮無力的四肢。

看他微駝的背影消失在綿綿的細雨中，我心裡真有說不出的感慨與心疼。不知道何時才能夠找到與他有同樣共識的人來分攤工作，讓他有喘息的機會啊！

・這不是阿玲嗎？

正思忖間，忽然，電話鈴聲把我從思維中驚醒了。我拿起電話：「喂！」

對方很急切，一連串的問：「神父在嗎？」

聽那細緻軟語的聲音繼續說道：「我的電動車沒電了，發不動了！想請謝神父幫忙，來帶我和車子回去。」

我跟她說：「謝神父出去接人，別著急，很快就回來啦，我會幫你轉告。」我叫她安心等著。

這不是阿玲嗎？這些年來她變得很多，變得讓人不敢相信；唯獨聲音沒變，細細柔柔的。

記得她剛來的模樣，長得眉清目秀，很愛乾淨，說起話來輕聲細語的。誰也料想不到，原本清秀俏麗的她，怎麼會變成一個蓬頭垢面、一身痴肥的懶女人。

・喝天主教的奶水長大

阿玲有一個不錯的家庭，父母兄弟都是公務人員，只可惜從小沒有享受過父母、兄弟的親情。她因患了中度的小兒麻痺，從四五歲開始就被送到礁溪，由天主教會創辦的「文昇」照顧。這是專門收容小兒麻痺症的醫療機構，不僅收容縣內的小朋友，也收容外縣市的。

四五十個小孩吃、睡在一起，復健、讀書玩在一起，當然也玩在一起。從幼稚園到高中畢業，她可以說是喝天主教的奶水長大，直到文昇因立案問題而關閉，她才回家。

回來之後，她不想住在家裡，跑來惠民殘障服務中心找謝神父。她說要參加大學聯考，因為家裡太吵，沒辦法專心念書，想要借住教堂。神父便答應了。

・她選擇流浪

阿玲連續兩年落榜以後，謝神父怕她想不開，看她字寫得端正，就留她做抄寫的工作。誰知道，沒多久她又不做了。

離開這些年，她選擇流浪，就是不回家。這些年來，她到底發生了什麼事，才會有如此的巨變呢？沒人知道。

不過，每當阿玲遇到困難，她就找謝神父幫忙。

那天，神父一回來，我就把阿玲來電話的事告訴他。想不到，他不等歇口氣，一轉身，便馬不停蹄的出去救援了。

・恍如靈異世界

後來，聽說阿玲又搬回來住了。本想望彌撒的時候會碰面，好好勸她安定下來：一個女孩四處流浪總不好，萬一碰到壞人怎麼辦呢！

哪裡知道，當我再度步入教堂的時候，所看到的場面卻讓我大吃一驚：從地上門口，一路有如進入靈異世界。推門進入客廳，我整個人都傻眼！怎麼會這樣！我來錯了地方嗎？無論桌椅、牆壁、電視，到處貼了滿滿的符咒，連廚房、浴室無一倖免。

我問神父：「怎麼會這樣，是誰幹的！」

神父卻示意我別再問下去。

這時，我看阿玲把頭偏一邊，不跟我打招呼就逕自進去房間裡。

看到阿玲這樣的反應，我心裡已經有底了——這八成是她幹的。心想：等神父做完彌撒，再來了解吧。

・靈異事件？

彌撒剛剛完成，聖堂的門忽然被開啟，以為會有人進來，大家等了一會兒。誰知，門外空無一人。

正困惑著，這時候神父神祕的笑著，要我們猜！大家你看我，我看你，滿腹狐疑猜不著。

最後，神父才跟大家解釋：「你們一定感到很奇怪哦。沒有人，門怎麼會自動開呢？是不是發生靈異事件！」

大家滿臉的問號。

神父接著又問：「剛才有沒有看到一隻夜鶯飛過？」

大家不約而同的說：「有啊！」

神父解釋：「自動門遇到熱空氣就會自動打開。」

喔！原來如此。經神父這麼說大家都明白了。

接著，神父又說：「阿玲就是看到這樣的情景，以為是鬼魅作祟，所以去廟宇拿那些符咒。我跟她解釋過了，她就是聽不進去。」

·愛與慈悲

果然如我所料。我問神父：「為什麼不罵她呢？任由她胡作非為！」

想不到，神父卻說：「如果她認為那樣做，可以使她安心，我又何必責備她呢！每個人對對錯的認知各有不同，有些事情用責備是沒用的，要她自己反省才能明白錯在哪裡。」

剎那間，我有點頓悟了，原來寬恕也是一種美。

這時候，夕陽的光輝映在聖堂的苦架上，回頭看看神父，再看看慈祥的臉上充滿光芒的耶穌，這時候我才了悟什麼是信仰的精神與力量。

原來，謝神父已經把愛與慈悲的教義融入他的生活裡了。

・能多一個謝神父就好了

可惜，在這充滿功利主義的社會裡，人們所追求的不是名就是利，有誰肯為別人做一點付出呢？只要稍微吃一點虧，就覺得損失很大。

最近，有一則新聞報導說：「有一個男人在夜晚時分路過離他家不遠的三叉路口時，看到一個女人被男人欺負，他怕招惹麻煩，不肯伸手相救，反而將車子加速離開。後來，警察來通知，他的妻子奄奄一息被送到醫院。那時候他才知道，原來被欺負的女人就是自己的太太——但後悔已來不及了。」

這種各掃門前雪的心態，實在要不得，到後來吃虧的仍是自己。

看來這個社會最缺乏的不是名，不是利，而是一顆溫暖的心，一份無私的愛。多一個像謝神父那樣的人，人世間就多一些溫暖。

真希望有那麼一天，世界上人人都能心懷仁慈，那麼，人間就到處都是伊甸樂園了。

加油！

・小胖妹笑口常開

那天縣府舉辦殘障運動會，縣內的殘障團體都踴躍參加。

小胖妹代表我們的團體參加團體與個人的排球、鉛球和拔河比賽。

「加油！加油！小胖妹加油。」

在運動會場上，小胖妹是個常勝軍，只要她上場，冠軍就非她莫屬。

可惜，小胖妹的下半身因小兒麻痺症雙腳萎縮了。雖然她的體態很壯觀，一個人有兩三個人的噸位，但行動卻很靈活。她的聲音宏亮，講起話來有如和人吵架。她的食量大，三四人份的伙食不夠看。她的力氣更驚人，所以擲起鉛球所向披靡，無人能敵，在運動會場上發揮了最佳的潛力。

除了身障外，小胖妹還有輕微的智能不足，好人、歹人，好話、歹話，都分不清楚。因此，常常被作弄仍渾然不知。而且，往往把別人惡意的作弄看成是善意的招呼呢。在她的眼裡沒有壞人，只有朋友。

小胖妹整天笑口常開。

問她有什麼樂事，她總是含糊的說：「抹啦！抹啦！」

若有人鬥她：「喔！一定有祕密喔！」

她必笑嘻嘻、瞪著烏溜溜的眼睛，然後邊笑邊說：「你黑白講」。

小胖妹雖然因罹患小兒痲痺以致雙腿萎縮，但雙臂卻力大無窮，行動起來很俐落。

・頭一次看到小胖妹

記得初次認識她的時候，是跟神父送一些物資和輪椅到她家。

我好奇的問神父：「這麼多的東西全部給嗎？」

神父感慨的說：「這一家七口人卻有五張殘障手冊，全家人只依賴他的父親打零工、做點微薄的田過活。」

喔！我明白了，心中不禁感慨原來這世界不幸的人這麼多。

也就是在這時候，我才大略了解了小胖妹的生長環境。難得的是，她雖生長在貧困的家庭中，個性還能保持得那麼開朗。

經過四十多分鐘的車程，終於抵達小胖妹的家。神父把車子停在一間低矮破舊的小房子外，很快的就有一些小孩圍過來，不停的呼叫著：「阿兜啊神父來啦！」

神父先拿著那些東西走進去，問：「有人在嗎？」

這時候有一個瘦骨嶙峋的婦人從屋裡跑出來，瘦削的臉上露出謙卑的笑容，很熱忱的歡迎神父。

最先，當我剛踏進她家的時候，只覺得一陣黑。等適應明暗，整個人怔住了：狹窄的屋子裡竟圍繞著三四個四肢不健全

的小孩！忽然，一團肉球動起來，行動迅速的從裡頭爬到神父旁邊，笑嘻嘻的叫著神父。

當我看清楚眼前的情況，才知道，原來那會動的球，是個小女孩。她全身黑黝黝、圓滾滾的，就像個肉球，如果不是鼻子上那兩條長長的鼻涕，實在很難看清楚那是她的臉。這是我頭一次看到的小胖妹：塊頭大，眼睛大，嗓門也大。後來，在運動場上才見識到她的力量更大。

・一張張無憂的臉

看到那樣的一家子人：一個接近中度智障的母親，加上幾個多重障礙的孩子，看得實在令人心酸。這時候的我，才知道什麼叫無奈。心中不禁吶喊：天啊！怎麼可以這樣子對待這一家人呢？

當時的心情覺得很無奈，對人類的乖舛命運有著很深刻的無力感。想一想，這樣的一家人還會有希望嗎！可是當我看到那一張張無憂的臉時，他們似乎過得很快樂知足。這或許是上蒼對他們的一種補償吧！

小胖妹看到我們到來，笑得很燦爛，烏溜溜的眼睛對著那些物資猛盯著，又對著神父手中推著的那輛全新的輪椅充滿好奇。

神父說：「這些東西都給你們好不好呀，喜不喜歡？」

她開心的拍起手來，大聲說：「好耶！」接著和兩個弟弟圍靠著那些東西傻傻的笑著。

當那位瘦弱的媽媽咧著沒有門牙的嘴笑，不斷的對著神父道謝時，我的心裡有一點想哭的衝動。

我正想央請神父：「趕快離開吧！」卻看到神父把坐在地上的小胖妹抱在輪椅上，並且教她怎麼用。她的悟性不高，卻喜歡玩，東撞西撞。以致神父費了好大一番功夫才讓她明白過來，終於把它搞定。

·為什麼把便當藏起來？

歲月匆匆，十年過去了，我再度看到小胖妹卻是在全縣的運動會場上。

小胖妹笑嘻嘻的領著獎牌回到在休息站等著上場。大家為她加油，為她鼓勵。有些志工半開玩的說：「如果你能夠拿到冠軍，中午可以多給你兩個便當。」

接下來她上場了，果然不負眾望，她參加兩個項目都得到冠軍。

到中午，當大家饑腸轆轆正在吃著便當時，她卻很認真的向那些人要。我心想：三個便當她吃得下嗎？

果然，我看到她把其中一個便當小心翼翼的放在包包裡，然後高高興興的吃起飯來。不一會兒的工夫，兩個便當都吃得精光了。

我問她：「為什麼把便當藏起來？」

她作勢，要我別說，然後悄聲對我說：「想帶回家給媽媽吃。」

她拿著包包給我看，才發現裡頭還有三四個吃剩一半的便當。她高興的對我說：「這些是要給弟弟們。」

看她如此的懂事，我也把手中的便當交給她，並對她做祕密手勢。她竟高興的手舞足蹈起來。

·斯景斯情

又過數年以後，在教堂裡聽神父提起她家的情況，才知道小胖妹的父親出車禍，雙腳全廢了。

某天，正當我們要望彌撒時，電話又響了，隨即神父說：「很抱歉，彌撒要改期，因為小胖妹的父親病危，託我帶他上醫院。」

有一天在彌撒中，神父對我們談及愛心的話題。正當他說起小胖妹的家庭情況時，忽然電話鈴聲又響了，電話那頭有哭泣聲，原來是小胖妹的爸爸過世了，她媽邊哭邊說：「大體不知道該怎麼辦才好，放在殯儀館要錢，我又沒錢。」

當神父趕過去，眼前的情況真令人不忍卒睹：幾個無知的孩子繞在遺體旁玩，那個媽媽卻無助的撫慰著遺體，束手無策。斯景斯情，那淒涼的景象，看得怎不令人心疼。

俗話說：「富在深山有遠親，貧在都會無近鄰。」那些日子，神父幫她們四處奔走，總算順利的把喪葬事宜完成了。雖然還積欠一些債，但只要一家人同心協力，一切總會否極泰來。

謝神父感觸萬端，說道：「這是個群聚的社會，每個人都會有需要幫忙的時候，希望有能力的人，能夠多付出，互相幫助，這本來就是人類社會裡該有的行為。」

・一枝草一點露

當我再度跟著神父拜訪小胖妹一家人時，她母親與子女們一起在做手工。

看到這樣的情形，我好感動。俗話說：「一枝草一點露。」一家人在一起齊心協力，還怕什麼！

這次，從小胖妹一家人身上，我看到了希望。我相信，人不必怕貧窮與困境，只要努力，情勢其實有可能會逆轉，到時，必將柳暗花明又一村呀。

絕望的父親

・沉默的中年男子

有時候搭便車，會在謝神父的車子裡，看到一個神情落寞、沉默不語的中年男子。他坐在角落裡，神情鬱鬱，滿臉滄桑，好像對一切都覺得很無奈。

到底他是何方人士？又怎會來到神父的車上呢？

像神父那樣的個性，誰都能做朋友，也難怪在他身邊三教九流都有。所以，有這樣悶葫蘆的朋友也是稀鬆平常的事。

・罹患肌肉重症的兩姐妹

神父說，那男子是罹患肌肉重症兩姐妹阿秀和阿英的爸爸，每兩星期就會幫女兒到榮總拿藥。

我雖然只在車上見過兩姐妹一次面，但仍然有些印象。

記得那一次，我們一起坐在神父開往台北的車子裡……

漫長的旅程中，儘管神父已經使出渾身解數，大家仍然昏昏欲睡。只有兩姐妹最捧場了，她們一路精神抖擻，好似聒噪的麻雀一般，吱吱喳喳，有講不完的話題、唱不停的歌，給沉悶的旅行帶來了不少的趣味。

我問她們：「有什麼夢想？」

想不到，姐妹倆異口同聲的說：「我們想當歌星。」

嚴重的疾病似乎並沒有擊垮她們。我不知道，那是不識愁滋味的年少無知，還是樂觀活潑的個性，撫平了重症所帶來的不堪。

‧故人已乘黃鶴去

後來的幾個星期裡，一直沒有看見那位爸爸來搭便車，角落裡空蕩蕩的，仍留著他的位子。

後來才知道，故人已乘黃鶴去，那位子的主人是再也不可能出現了。

知道這件事也很巧合。

原來，有天神父要送我家，想說順路送藥過去，才發現那兩姐妹的家在發喪，而靈堂上的遺照，竟然就是那個鬱鬱寡歡的爸爸。

這一看讓我太震驚了。我心裡很納悶：一個正值盛年、好好的一個人，怎麼說死就死了？是意外還是另有隱情？

正在猜想中，從屋裡走出來一位三四十歲的中年婦女，她一面抱著身體和她一般高、癱瘓的女兒，一面招呼神父坐。原來，她是阿英姐妹的媽媽，個子十分嬌小。然而，她外表看似柔弱，抱起那女兒卻臉不紅、氣不喘。

神父把藥交給了那母親，簡單說了幾句請她節哀的話後，把一個錢包放在桌上就走出來了。

一路上，我滿腹疑問。神父似乎知道實情，卻又閉口不說，只輕描淡寫的說道：「家家有本難唸的經。」叫我別太好奇。

也罷，既然神父不讓我問，那就算了，天下沒有永遠的祕密，何況生死這檔事，是何等重大，不可能祕而不宣。

·貧賤夫妻百事哀

果然，那檔不幸的事，早已經傳得滿城風雨，眾所皆知。我一回到家裡，就聽到爸媽在談論那男子過世的事：

原來，這位父親一心想闖出一番成就，賺些錢，使一家老小過更好的生活。沒想到投資的生意連連失敗，最後連本錢也賠進去了。

此後他就長久失業，一直賦閒在家。又因為沒有工作，缺乏自信，也就更不敢走出去，心情難免鬱鬱寡歡。

他們夫妻，多年來要照顧兩個癱瘓的女兒，已經很不容易了。想不到，屋漏偏逢連夜雨，現在上天連他們的小兒子也不放過，和兩個姐姐一樣患病。

「貧賤夫妻百事哀」，夫妻倆常常為了錢的事吵架。結果，做丈夫的一時想不開，竟然走上了絕路。

當下，我感到義憤填膺。我想到那個嬌小的媽媽，想到那對重症的姐妹……那個身為父親的男人，怎麼可以那麼自私，那麼沒有責任感，一時想不開就可以推卸責任，拋妻棄子撒手不管！

・往者已矣，來者可追

後來，神父去和醫師商量，藥由神父幫她們代領，一個月帶她們姐妹來一次醫院診斷。

就這樣，我也就時常可以在車上看到兩姐妹的身影。

她倆還是一路的說說唱唱，似乎沒有因父親的過世而留下陰影。或許，看開了也好，畢竟「往者已矣，來者可追」，這不就是人生的代謝作用嗎？

一時之間，我真不知道該為死者慶幸，還是為他感到可悲……

・再見兩姐妹

數月後，有天神父來接我去一個地方。經過四十幾分鐘的車程，車子終於停下來，眼前是一所規模很氣派的老人安養院。

神父邊帶我下來，邊對我說有人想見我。

我心中正在思索：「到底是誰會住在這裡？」心中滿滿的問號等著解答！

進入屋內，修女出來招呼，並一路引領我們進去。走著走著，不久，耳邊隱隱約約聽到熟悉的歌聲，修女也在一間病房前停下來，叫我們進去。

等我進去才知道，這不是邱家兩姐妹嗎！

一見到我們，兩姐妹一副喜不自勝的樣子，拉著我的手問這問那，並向我要一些老歌的資料。

我問她們：「你們什麼時候來這裡？是誰帶你們過來？」

想不到姐妹異口同聲的說：「神父帶我們過來的呀！」

接著，修女解釋說，這是老人安養，政府規定不能收年輕的病人。如果不是謝神父請求，是不可能收她們的。

聽到這兒，心裡為那些年輕的病人好難過。那些年輕的病人，又將何去何從呢？政府這樣有選擇性的照顧，真叫人情何以堪。有誰能為年輕的病人請命，更好的照顧他們的生活呢？

不平凡的人生

阿詩

・阿詩

民國五十六年（西元1967年），台灣正值小兒痲痺症大流行，阿詩也被感染了，造成她的下半身和一雙手掌都萎縮，行動得用全身半挪半滾才行。

阿詩一邊向母親哭訴：「阿母，伊罵我殘廢、討債鬼、跛腳仔鬼！」一邊和鄰居的大嬸相罵。八九歲的孩子像四五歲的幼童，一副營養不良的樣子。或許因萎縮了雙腿，讓她看起來更加矮小。

不過，阿詩說起話來卻人小鬼大，頭頭是道，令人驚嘆不已，伊阿嬤講伊是「死鴨仔嘴硬」。

・阿詩的阿母

伊阿母聽得有些不忍，是好是歹，都是自己十月懷胎所生的孩子，怎忍受得了別人這般欺凌。阿母立刻放下手邊正在洗滌的衣服，抱起她就往家裡走。誰知道，被母親抱起來的她卻大哭大鬧的掙扎起來。

「阿母仔，我要在這裡與恁洗衣服啦！」母親一邊任由她掙扎咆哮，一邊仍然把她往家裡送。做母親的實在沒辦法再忍受別人對自己的女兒如此謾罵，什麼「跛腳仔、破相」。「誰想要這樣？伊實在無道理，做人家長輩無做長輩的樣子，真是枉費人。」邊喃喃自語，邊忍著淚水哄著女兒，說：「我們回家去拿糖果，你要乖巧聽話，阿母才會疼你喔！乎你糖仔吃，知否！」

阿詩是伊阿母的小女兒，也是最巧思的女兒，聰明伶俐，學習力強，一點就通。但由於自卑感作祟，致使自尊心也特別強，從小就很獨立，凡事都自己來。儘管身體不方便，但若和同齡的小孩相比，阿詩要比他們成熟、比他們強多了。

唉！多怪伊無能力的阿母，當初她發那一場病，高燒不退，無錢帶伊去乎醫生看，又擱到處借不到錢，連自家婆婆都不肯伸出援手，還說：「這樣的查某仔囡，會死會活嚨是伊也命！要怨啥人！」請求她借錢好救自己的孫女就是不肯，只好死馬當活馬醫——以為採摘一兩帖草藥來治療就沒問題啦！哪裡知道這一耽誤，就誤了她一生。如今後悔已經太遲了，這大概都是命吧！每次看到女兒被欺負，她就很自責。街坊鄰居都說這女孩養不活，叫她別白費心力。她怎能不理？好歹是自己的骨肉，再苦也要撐下去。

・我是鐵娘子

病中無曆日，寒盡不知年。時光過得很快，伊已經一二十歲了，除了萎縮的身體外，其他都很健康。這些年來，她無病無災，真的天公疼苦命人。

「阿詩在家嗎？」「在呀！喔！是謝神父啊！」

自從跟人家去天主教堂以後，阿詩變得開朗多了。謝神父朗朗的笑聲早已把在屋裡頭整裝待發的阿詩給叫出來啦。今天天氣好好哦！真的「春天不是讀書天」，這樣的氣候旅遊最好。

想到今天要跟著神父去台北的振興醫院，她心裡就雀躍萬分。希望這次去振興能夠得到治療，從此再也不用在地上爬行。想到這兒她就興奮得不能自已，所以她昨晚幾乎徹夜不眠，東抹抹西抹抹，快到天亮才合眼。

平常她是不會賴床的人，一早醒來就開始忙碌著，做些手工。儘管手不怎麼方便，但總會克服，無論如何，她都要做個有用的人，才不會讓人瞧不起。

神父已經被阿詩的媽請到大廳坐下，這時候阿詩早已爬到大聽來了。

一看到神父，阿詩笑得很燦爛，說道：「我早已換好衣服在等您了！」

神父看看她的氣色，擔心的問：「你沒問題嗎？！臉色那麼蒼白！」

「No problem！放心好啦，我是鐵娘子。」想不到她也露了一句英文，幽默起來了。

她阿母看到女兒快樂，心裡也安慰，滿懷感恩的想著：「真是神明保佑。」

自從參加教會認識謝神父以來，這個家就常常聽到她的笑聲。阿詩變得開朗樂觀，不會動不動就發脾氣啦。

「神父，我們先說好喔，如果我住不習慣，您要帶我回來

哦！」「好啦！好啦！No problem，沒問題。我們可以出發了吧！車上還有許多人在等喔！」

果然，打開車門一看，七八個殘障朋友早已等候多時，你一句、我一句的嬉笑怒罵起來。這些殘障小朋友都是要上台北振興醫院的，稚幼的臉上多一層早熟的堅強，讓人看得有點不忍。

等大家都坐好，神父就說：「上車的旅客，顧好自己，也顧好別人」大家哄堂大笑。「go！go！go！walk！」

‧期待圓夢

這些小兒麻痺的孩子，今天齊聚一車，都是要去振興治療。希望此去能夠康復，和正常人一樣健康的回來。儘管心裡這麼想，但那似乎又是遙不可及的夢想。阿詩一邊和大家打招呼，一邊擔心著醫院的生活會不會不好過。也罷，既然來啦，就別想太多。

一行人浩浩蕩蕩的北上，希望數月後會有另一番氣象。大家都能夠得到治療，圓滿的達成心願。

到達振興的時候，阿清，阿玉、阿月早已等候多時。只見原本雙腳萎縮的阿田也站在門口等神父到來，好接他去新竹技能習藝中心。他聽說，那裡可以學習電腦繪圖、設計、珠算、裁縫等。阿輝、阿煌他們都有一份工作，能夠養活自己和補貼家用——這也是阿田一直以來的夢想。

神父一看到阿田在門口等待，心裡不忍，說：「真是傻孩子。」說著便叫他進去：「你等多久啦！」旁邊有人搶著回答：「一大早就準備好，吃完早餐就在門口等待了。」大家都故意笑他：「出來等女生喔！」於是，一夥人嬉笑怒罵、嘻嘻哈哈的鬧起來。

阿詩心想，自己也能夠和阿田一樣得到治療，數月後可以走出來，學習一技之長，那該多好！那時候就再也沒人敢笑她說：「殘廢無路用，只會吃閒飯。」

·另一扇窗

數月後，成績出來了，只是幾家歡樂幾家愁：有些如預期的能夠站起來開始行動走路，有些卻不能如願。阿詩的情況也不如預期的好，她不僅那一雙手、那一雙腳萎縮得厲害，連身體也扭曲不直，即使開刀也沒辦法恢復過來，而且雙手也無力使用拐杖。眼看著大家為了康復努力以赴，而自己卻是前途茫茫，怎不令她難過？個性好強的她，只有在夜深人靜的時候才敢痛哭一場。護士阿姨安慰她說：「將來的醫學會越來越發達，也許那時候你就可以得到良好的治療。」她明白那是安慰的話，自己這輩子恐怕是沒希望了。她感慨的對神父說：「我現在是一個沒用的人啦！」神父和顏悅色對她說：「每個人都有用，神讓你來到這個世界，一定有祂的道理存在，不可妄自菲薄。」阿詩住院一些時日後就回來了。

她對神父和她阿母說：「雖然沒有得到治療，但我仍然大有收穫，認識許多好朋友。」沒想到她能夠如此樂觀，她阿母聽她這樣說，整個懸掛的心就放下來了，她對阿詩說：「是啊！你能夠這樣想最好，一枝草一點露，天無絕人之路。」神

父怕她想不開，常常去接她參加教會的活動，後來她果然走出來了，變得積極樂觀，不再怨天尤人。

有一天她問神父：「我現在如果去讀書會不會太晚？」神父對她說：「只要想做就去做，永遠不會太晚。」

她來到學校，舊地重遊，令她百感交集。這個曾經讓她受辱的地方，以為從此不會再度踏入，想不到如今還是來啦！「耳邊彷彿聽到那些嘲諷，殘廢、跛腳、怪獸，等等。」令她有些猶豫，但她還是跨越過去。這時候她忽然感悟：原來難關，其實不難，只要堅持一下就恢復平坦。想不到經過多年以後才能夠理解，如今的她不想再退縮，從哪裡跌倒，就從哪裡爬起來。

讀書以後，她努力和孩子打成一片，變成了孩子頭。畢業後，她又去學校當志工，每天快快樂樂風雨無阻的坐著電動輪椅，去為小朋友講故事，她說：「看小朋友聽得高興，我也說得開心。」

這真應驗了那句經典名言：「當上主關上一道門，定會幫你打開一扇窗。」

看她找回自信大家都為她感到開心。

天堂來的孩子

·阿嬤才是我的父母

「我都沒有責怪他們，他們憑什麼嫌棄我！是誰把我生成這樣！是我要這樣的嗎？！誰願意這樣！不活不死，不倫不類，不成人樣。無論走到哪裡，都被取笑羞辱，是誰給我這樣的待遇，這是我要的人生嗎？他們有沒有想過該慚愧的是他們，該抱歉的也是他們，什麼父子天性，有盡到一天為人父為人母的責任嗎？

「生我又不養我，這算什麼父母！把我丟給年邁的阿嬤，算孝順嗎？現在我只認阿嬤，只有阿嬤才是我的父母，我唯一的親人。」

他一邊哭訴，一邊捶擊扭曲的身體。

每次他看到父親帶著新媽和弟弟回來，他就情緒激動，生起氣來。

·走出來看看世界吧

今天他又氣呼呼的跑出來，跑到累了便一骨碌的跌落在地

上，指天畫地的咒罵起來。

這時候有一位外籍人士看到他這樣，很擔心的向前過來問：「小朋友你有需要幫忙嗎？」

那孩子抬起頭來狐疑的看著他說：「您能幫我什麼！別騙我啦！連我的父母都是混蛋！這世界怎麼會有好人！」

神父看他如此模樣，猜想他必有許多委屈才會說那些充滿偏激的話。

神父回答：「這世界有許多好人，只是你沒有發現而已。如果你想看這個世界有多麼寬廣，那就走出來看看。」

神父把名片放下，說：「如果你想走出來看這個多元的世界，或參加活動，來找我，別自己生悶氣。」

他看著名片，再抬頭看著外籍人士，問：「你真的願意幫我？」

「嗯！」神父點頭，肯定的答覆他：「請放心，只要你需要幫忙，一定會對你伸出援手。」

這時候他才心平氣和的對神父說：「那麼，神父謝謝你，我回去了！」

看他匆匆的跑出去，阿嬤立刻著急的出門找他，屋前屋後來來回回的找。

現在，看他回來了，阿嬤心疼的說：「乖孫阿，你聽阿嬤講，天下無不是的父母，你不要怪他們，這都是命啊！別哭，聽阿嬤講，你要振作一點。」阿嬤說著向前把他拉進來。

．父母離異

說起來阿孝也很可憐，五歲媽媽和爸爸離婚，媽媽就把他丟給爸爸去尋找她的幸福。沒多久，爸爸也把他丟給阿嬤，說要出去求發展，對他不再聞問。

從此之後，阿孝就和阿嬤相依為命。

阿孝是個腦麻的小孩，走路的平衡感不好，說起話臉部扭曲結結巴巴，走起路來像喝醉酒顛顛倒倒，手也不聽使喚。不過他的雙腳可厲害，可以當手用，寫字拿筆、拿筷子、拿碗都沒問題，俐落得很。

儘管外表看起來像智能不足，而他的IQ卻和一般人一樣的聰明。

．每天都掛彩回家

他聰明卻不愛讀書，每次上學不是哭著回來，就是青一塊、紫一塊，渾身是傷的回來。老師說他暴力，同學怪他不合群，每次上學不是被同學取笑「白痴、跛腳」啦，就是笑他「殘廢、無父無母的孤兒」。他本來不想惹事，但是一聽到別人說他是無父無母的孤兒時就再也沒辦法忍受，握緊拳頭和人家打起架來。

可以說，他幾乎每天放學都掛彩回來。

阿嬤很心疼，三番兩次的勸他：「阿孝乖，聽阿嬤的話，別動不動就和人家打架，那是耍流氓的呀！你怎麼會打贏那些

人呢！你這樣阿嬤會擔心。」

儘管如此，他還是依然故我，不是故意要傷阿嬤的心，而是他沒辦法忍受那些人無理的取笑。世上最可惡的人，就是把自己的快樂建築在別人的痛苦上的，不是嗎？眼看著阿嬤為他心疼，對他失望，他覺得很內疚，希望阿嬤有一天能夠明白他的心情。

・生死關頭

某天，阿嬤把他叫到面前，對他說：「孝仔，今天你阿爸要帶新媽及弟弟回來，你別出去喔！嘴巴也要甜一點，給他們對你印象好，就會多疼愛你一點。等將來，你阿爸帶你和他們住在一起，這樣阿嬤才放心得下。」

不知道他爸回來還好，一聽阿嬤說爸要帶那些新人回來，他絕不會留下來。不是故意要讓阿嬤傷心，而是在心靈裡認定，這世上阿嬤才是他唯一的親人。

他一個人漫無目標的遊走，像酒醉的人顛顛倒倒。每次心情不好都跑去天主堂尋求一份寧靜，神父會開導他，然後帶他回家，也只有神父才能夠了解他的心情。這世上除了阿嬤外，他所信任的人就是謝神父了。

可是今天不想去教堂，不能每次都去麻煩神父，他想要自己放逐一次。

阿孝正想著心事，忽然，他看到一輛車子衝向一個正在路邊玩耍的小孩。他定神一看，那不是爸的小兒子嗎？他急急的跑去把他推開，就在那一剎那，他自己卻被撞得飛起來，他感覺身體輕飄飄的。從來沒有過的輕鬆舒暢，好像不是原來的自己，行動自如，步伐輕盈，好像要飛起來似。

當他正沉浸在甜美的夢境中，耳邊忽然傳來急切的呼叫聲，他好像聽到阿嬤邊叫他邊哭泣。

「阿嬤，我在這裡呀！」

他最不能忍受的就是阿嬤的哭聲，他會心疼。現在，他也急急的回應阿嬤。可是阿嬤像沒聽到似的自故自的呼喚。這下他更急了，他想叫阿嬤，卻叫不出聲，彷彿被繩索綁住，越是想掙脫卻越勒越緊。

就在剎那間他甦醒過來啦！

當他睜開眼睛時，映入眼簾的，除了阿嬤外，還有那無情的父母，以及那位新媽。這時對他們已經沒有恨了，經過那場生死關頭，他覺得這些小恨小怨已經不重要了，重要的是他還活著。他要讓阿嬤知道，他已經醒悟了，重今以後他要好好的做人做事，不會再惹阿嬤傷心。

．神會守護他

神父也常來探訪，他把心裡的話告訴神父。

神父很為他高興，說：「能夠原諒別人是一種美德，你是了不起的孩子。」

等他傷勢痊癒那天，阿嬤帶著阿孝到天主堂向神父答謝。

那老人一見神父就感激涕零，說：「謝謝您救我家阿孝，若不是您把他送到醫院，我們阿孝哪能活著！謝謝您，神父。」

原來，阿孝為了救他弟弟，自己卻受傷。阿嬤一路尋來，看到孫子躺在哪裡，她整個心往下掉。任憑她大聲呼喚，阿孝還是沒反應。眼看著一輛一輛的車子經過，卻沒有一個人肯停下來救他，使她心急如焚。在她呼天搶地的時候，謝神父剛好經過。看到這般光景，他趕快停下車子，這才發現原來是阿孝受傷。他安慰阿嬤：「別太傷心，吉人自有天助，神會守護他。」就抱起阿孝急急的送醫。

‧道謝和惜別

在急診時，醫師說要開刀，動手術。阿嬤卻著急了，她一時之間哪有那麼多錢呢？

神父安慰阿麼說：「錢的事我來想辦法就好。」

那晚真是漫長的夜，老人堅持不肯回家，神父只好陪著她守在開刀房外。天亮時阿孝的父母也趕來了，看來阿孝是幸福的孩子啊。

果然，經過個把月的治療與療養，他恢復過來，也長胖了。

阿孝一見神父就叩首謝恩，害神父有點驚訝：「怎麼啦！」

「謝謝您的救命之恩。」

謝神父反而不好意思，說：「你這孩子，跟我客氣什麼！」

阿嬤說：「這次除了來道謝外也是來惜別的，他阿爸要帶他去台北住。」

神父聽說此事，為他高興，笑呵呵的說：「哦，那很好呀！阿孝要做台北人哪。多保重呀，要做個乖孩子」

想不到阿孝卻要求神父說：「我想請您常帶我阿嬤來台北看我好嗎？」

「喔！好啊，沒問題。」

就這樣，每個星期，不管阿嬤有沒有空去，神父仍然依約前去探訪阿孝，知道他生活得不錯才放心，

・每當聖誕鈴聲響起

時光飛逝，輾轉幾年過去，阿孝長大後被爸爸送去國外進修。

每年的聖誕節，阿孝都會寄張聖誕卡片來向神父祝賀。他告訴神父說：「我在美國生活得很好，現在在一所不錯的學校讀書，別為我擔心。等修完了學業，我會回去看您。多保重。」

所以，每當聖誕鈴聲響起，神父就會準時的收到阿孝的賀卡。

・來不及寄出的卡片

那年，冬季提早來臨，北風颯颯吹襲，街道上行人寥寥無幾，誰都對這陰晴不定的氣候很無奈。

某天，巷弄裡不尋常的出現一個滿臉滄桑的老人，踽踽獨行，走到教堂門口。他出聲喊道：「請問謝神父在嗎？」

神父聞聲開門，把那人請進裡面坐：「請問有什麼事需要

幫忙的嗎？我就是謝神父。」神父自我介紹。

那人才表明來歷，原來是阿孝的父親。

他臉色凝重的對神父說：「我家阿孝已經畢業了。」

神父聽了很高興，說：「那好極了，阿孝終於熬出頭了。」

神父話一出口，才發現那人的臉色不對。

阿孝爸忍住悲傷，說：「我家阿孝已經去天上跟隨他阿嬤了。」

神父聽他這麼說整個人怔住了，喃喃自語問：「怎麼會呢？！」

阿孝爸嘆息著說：「他高高興興的參加畢業旅行，想不到樂極生悲，一場車禍卻斷送了他的生命。我是來感謝您對我家阿孝的關懷，這是他寫好的賀卡，來不及寄給您，我幫他寄，謝謝您。」

人生變化無常，想不到阿孝沒有死於台灣的車禍，卻命喪他鄉輪下，怎不令人感慨。莫非這一切都是神的旨意？願他能在天上得享喜樂。

神父送別阿孝的爸，兩個人踩著沉重的步伐，默默無語，一前一後，直走到巷口才停下腳步。

阿孝的爸揮手作別，只見他轉身，駝著沉重的背消失在濛濛細雨中。

神父回首駐足，看著濛濛細雨，心裡的悲愴又憑添許多，心想：莫非這場雨也是為阿孝感慨？這人世的無常誰能理解呀？願天上的父能佑阿孝。阿們

畢業典禮

·遍訪名醫祕方

民國七十一年（西元1982年），小兒麻痺症曾爆發全島大流行，計有1,043個病例報告（98例死亡），以罹患第一型最多

很不幸，阿琪也因為媽媽的疏忽，沒有帶他去打預防針，而被傳染上這要命的病。那幾天他時燒時退，以為沒什麼大不了，卻不知道他已經感染上病毒，等高燒不退時已經來不及了。誰也想不到，這一疏忽竟然耽誤他的一生。

從此，小琪的媽找遍名醫，尋遍祕方，心底發誓：「無論如何，我都要把孩子的病治好。」

這天，天未亮，天空飄著濛濛細雨，小琪的媽就揹著小琪出門。幾天前，她打聽到，在北部的山區住有一位能人，能治疑難雜症，聽說有許多人讓他治好了。但是，他的收費很貴，不是一般家庭所能負擔。她想：「只要能夠治療好我的孩子，即使傾家蕩產，也在所不惜。」

‧跋山涉水

為了孩子的治療費用，她到處籌錢。但人情薄似水，看她的家境不好，沒人肯借錢給她。最後，在求援無門的情況下，她只好把娘家媽媽的遺物——一只金戒指拿去賣掉。

那天，她跟老公商量：「小琪的爸，我想把媽給我那只手尾指，拿去賣掉，給小琪做醫療費用？你講好嗎？」

阿琪爸回答：「你認為好就好，我無意見，由你處理就可以。」

於是她揹著阿琪一大早就出門，依照人家給她的指示路線，一路尋尋覓覓。那裡交通不方便，公車沒有幾班，上山只能靠雙腳走上去。那彎彎曲曲的羊腸小徑，崎嶇不平，無論是誰走那條路肯定都會覺得累，何況是還要揹著四五歲的小孩走呢！

先生說：「等工作告一段落，我跟你帶小琪去，路程那麼遠，又是山高路遙，又是陌生人家，叫我怎麼放心得下？」阿琪爸爸不放心的勸著太太。

「沒關係的，我會一路問人。相信天公疼好人，不會有什麼差錯，你放心好啦！」母愛的精神偉大，使她絲毫無懼。

就這樣，母子倆跌跌撞撞上山去了。每一次跌倒，她都展現出「媽媽本能」——用自己的身體去擋。她怕阿琪受傷，孩子卻覺得好玩，呵呵的笑。

「啊琪！媽咪一定會幫你站起來。」

一路上走走停停，母子倆說說笑笑，苦中作樂。

那天，山區起霧，雲煙裊裊，四周一片灰濛濛，讓人有如身陷雲霧陣地，走也走不出去，真是雲深不知處。她摔倒了幾次，身體早已血跡斑斑，卻渾然不知。她一路不斷的尋問路人，一心一意只想找到那位醫者。終於，走錯了幾條冤枉路之後，碰上一位在山裡耕作的歐吉桑好心的帶她上去。

「快到了！喏，前面竹林裡那戶人家就是老醫師的家。」

「歐吉桑，謝謝您。」

・醫者父母心

她到了後，那老醫者的家人無不訝異的問她：「你怎麼找來的？從何處來？」

她表明來意，跪下請求老醫師為小孩診治。那位醫者卻先為母親把脈，並拿藥膏給予貼上。這時候，做媽媽的才發現，原來自己的身上已摔得傷痕累累。

她回過神來說：「老神醫，謝謝您，我沒有關係。請您治療我孩子的病，您的恩情我會報答您的。」

那老人看著這對母子，對婦人說：「你的孩子我愛莫能助！」

婦人一聽說，馬上雙腳跪下磕頭說：「求求您仁心妙手，救救我的孩子！」

老人無奈的說：「那麼，好吧！」馬上叫人依他的指示，拿了一大包藥材給她：「那麼，就帶回去試試看吧！」

阿琪媽千謝萬謝，要拿錢給老醫者，卻被老醫師拒絕了：「等治療好了再收費。」並叫他的孩子，一個四十出頭的中年

男子，送她們母子下山。

阿琪媽好感動，一邊不斷的說「真是醫者父母心」，一邊不斷的磕頭謝恩。

回來的路上，天空仍下著濛濛細雨。

她邊走邊想：「不管將來如何，都不能忘記老人的恩情。」

小琪也安慰她說：「媽咪，我會乖乖的，等我長大，我會好好孝順媽咪。」

她看小琪這麼乖巧，不由得滿心疼惜的抱緊他說：「小琪，你不會怪媽咪沒有把你照顧好嗎？」

小琪睜著那雙烏溜溜、明亮的大眼睛，天真的看著媽媽，說：「媽咪最疼小琪了，小琪要做乖孩子。」

・神父會幫我嗎？

回家後，她依老人所說的方式給小琪泡藥湯，希望能有奇蹟出現。誰知，事與願違，一點動靜也沒有。

這樣的情況，讓她心灰意冷，竟然想不開要自殺。幸好被她的姐妹淘發現，阻止了她，才沒有造成遺憾：「你怎麼可以想不開呢！你走了叫孩子怎麼辦？這個家怎麼辦？」她如夢初醒，是的，她還有未了的責任，這個家和這些孩子。

從此之後，她不再逃避責任，也不再怨天尤人。後來，有人向她介紹謝神父，她有點猶豫，問道：「我不是天主教徒，他會幫我嗎？」

「會啊！怎麼不會，只要需要幫忙他都會幫，不管是什麼教、什麼人。」

・終於走出來啦！

光陰似箭，轉瞬間已經過十八年了，阿琪大學也畢業了。

「真是歲月不饒人哪！」阿琪媽媽沉浸在回憶裡，對著同車的我們說，「為了我們阿琪那雙腳，謝神父不知跑多少次台北，多少次醫院，從三四歲一直到能站起來為止。」

「還記得那時候，每次去接阿琪放學，他都會哭喪著臉說，同學都嘲笑他跛腳仔，或不能行走的怪獸，甚至會動手打他。他問我：『媽媽，我的腳為什麼會這樣！？』那時候還小，我騙他說：『你的腳被天使借去用啦！等天使去把壞人打走了，就會還給我們。』『那麼，媽咪您叫天使趕緊打壞人，好嗎？』」

「後來長大一點，我只能無言以對。他不去讀，也只好隨他。好在認識了謝神父，帶他去醫院，接受開刀治療，如今他才有機會站起來。之後，他不再有自卑感，也沒有人會欺負他。果然，在沒有紛擾下專心讀書，每次都名列前矛，獎狀都可以把整個客廳給掛滿了。」

「看他能夠用功讀書，也就放心了。他終於走出來啦！這都要感謝神父的愛心，帶他去振興醫院治療，讓他有站起來的機會。」

「這幾年在神父那裡他過得很快樂，也懂事多了，即使有人嘲弄也不會有太大的影響。後來，他自己也放得開，漸漸接

納別人，交了好多朋友。他常跟我說：『媽媽，我同學要來家裡做功課，可以嗎？』好呀！我高興的答應，又趕快去買菜。『叫你同學在家吃飯哦。』就這樣，國中，高中，他變得很活躍，三不五時都有一些同學來來往往，從此我也放心，他終於走出來啦！」

·小琪好樣也！

是啊，光陰如梭。還記得十八年前……

那天，神父帶一大票人準備上振興醫院，他把小琪抱上車，說：「哥哥姐姐們要好好照顧弟弟喔。」小琪小小的模樣長得好似可愛的洋娃娃，聰穎靈敏，嘴巴又甜，逢人便「哥哥好，姐姐好」的叫，真把人叫到心坎裡了。一路上，只聽得他童言童語的，惹得大家呵呵大笑……

歲月匆匆，想不到如今那個可愛的小頑童已經大學畢業，讓大家來參與他的「成果」典禮。一路上，大家不斷的喊著：「小琪加油，小琪好樣也！」

看看他，戴著學士帽，穿上學士服，領了畢業證書，接受頒獎，真令人欣慰呀！我們一同歡呼：「小琪好樣也！」彷彿看到了他燦爛的未來。

我們非常明白，這不僅是小琪的成就，也是殘障者的榜樣。相信：只要你自己堅持到底，努力以赴，明天會是個美好的有晴天！

聖誕老人

陳彩美

・多給多快樂

「三輪車跑得快，上面坐著老太太，要五毛給一塊，你說奇怪不奇怪！」

想到這首兒歌，就想到謝樂廷神父，他就是那種多給多快樂的人。每次有人送他東西，總是不留絲毫的把它分送給人，他說：「好東西要與人分享，才有意思。」在他的人生裡沒有「吃虧」這個字眼。

有人問我：「您們謝神父是不是很有錢啊！幫那麼多人，都沒有回饋嗎？」

我回答說：「神父向來只問耕耘，不問收穫，如果要求回饋，那麼現在台灣的第一富豪就非他莫屬啦。」

神父的富有在於他懂得給予與施捨，這些不是金錢所能比擬。在他的理念裡，施比受更有福。

・愛心被利用

說起謝神父，認識他的人都知道他心地仁慈善良，為人開

朗真誠，樂於助人。凡是有人請求，必出手幫忙，從來不會拒絕別人的求助，因而贏得許多人的敬佩。

也因為謝神父有這樣的慈悲心，一些有心人就想利用他的善良來滿足自己的需求。一個「輕度殘障」卻整天游手好閒、不務正業壞傢伙，就是看準神父這一點，一而再的來找神父要錢，簡直是索求無度。

後來，有一段日子沒看到他，正覺得好清靜，哪知這只是風雨前的寧靜而已。

‧沒人天生就是壞胚子

這天，神父接到一通電話，他笑意正濃的臉，彷彿被定格一般，笑容嘎然停住，漸漸的臉色就凝重起來。到底發生了什麼事，讓一向樂觀的神父變得心事重重呢？這實在不像他的風格。

看他不言不語，我實在按捺不住，向前詢問：「到底發生什麼事啦！跟剛才那通電話是否有關？」

謝神父神色凝重叫我稍安勿躁，讓他想想。其實，這時候在旁的每個人，心情都和我一樣，很想知道事情的原委。

他憂心忡忡的嘆了一口氣，說道：「剛才那通電話說，廖了因竊盜嫌疑被抓到警局……問我要不要去保他。」

這時候在場的人一聽說是那個傢伙，大家異口同聲的說：「別去！別理他！他已經無可救藥啦！」

神父心裡很矛盾也很掙扎：到底該不該去保他出來？

「已經不止一次了，總是屢勸不聽。」大家議論紛紛，你一言、我一句的要謝神父別再理他，我更是義憤填膺的罵起來：「所謂朽木不可雕也！」

想不到神父卻另有想法，他說：「有因才有果，沒人天生就是壞胚子。會導致他變成今天這樣，應該跟他的環境以及本身的遭遇有關。但是，現在不是討論這些事的時候……」

說完，神父還是跑去警察局把他給保回來了。回來之後，大家依神父的請求沒有責怪他，但也沒有人肯原諒他。

．奉獻到底

謝神父那種有求必應的個性，比土地公還要神，比孟嘗君更四海，幾乎發揮到了極致。神父從來不拒絕殘障者的請求，猶如不打烊的7-11一樣，尤其是對殘障者的那份貼心，更是無微不至，服務到家了。

謝神父從年輕就來台灣服務，為了照顧這一群殘障孩子，他付出青春、付出畢生心血，創立了惠民殘障中心。

時光飛逝，如今四五十年過去了，由一個意氣風發的青年，轉瞬間白了少年頭。他仍然以鞠躬盡瘁的精神為這群殘障者奉獻到底。

年復一年，神父的耳邊不時傳來求助的話語：

「謝神父我明天要去榮總。」

「謝神父我要去振興醫院看醫師。」

「謝神父我要去新莊做義肢。」

「神父我們走濱海公路好嗎！走北宜我會暈車。」

……

他的回答總是：「好，No problem，沒問題。」

是的，只要有他在一切都沒問題。從1950年代、60年代、70年代，一直到現在，一路扶持。他為了幫助殘障者幾乎付出所有，那種無私無我的奉獻比父親更深切。

・寬恕和責備

謝神父仁慈的內心對善惡又有與眾不同的一套看法。每次有人犯錯，他總是選擇原諒。就算是對那個不知好歹的傢伙也一樣。那壞傢伙每次到服務中心絕對是有物必偷，不是偷錢，就是偷東西。尤其是神父的東西，他看準神父不會報警，不會責備，所以更肆無忌憚的偷。有次，大家看神父的手錶太老舊了，走走停停，於是合資送一只手錶給神父當生日禮物。結果也被他摸走了。

這下引起眾怒，他成了眾矢之的，大家請神父報警捉人。結果，謝神父依然選擇原諒。他說：「誰能無過？耶穌基督不是教我們要原諒別人七十七次嗎？」這時候大家異口同聲的說，那也要知錯能改呀！」神父又說了一堆道理。總之他的肚量很宏觀、很四海，是十足的大「濫」好人。但是，大家對於神父的選擇原諒，卻覺得不啻是一種縱容。

人非聖賢，神父也不是十全十美的人，尤其是開車的時候，一有危險狀況，或有人違規，他必開罵。有一次早上要載我去台北榮總，途中經過學校，在十字路口忽然有一輛機車坐三個學生，忽地而過，神父見狀，竟氣急敗壞的朝學生離去的方向開，一路衝向學校路口，把學生叫下來上一門交通安全的課，直到學生點頭，他才開開心心的將車子調頭開往台北。

我問他為什麼對那些孩子發脾氣，他說：「是性命攸關的問題，先要讓他們懂得尊重生命，教育才有意義。」而他的可敬就在於他是一個平凡人，卻做了不平凡的事。

・不喜受訪

他行事為人很有原則。經常有媒體要求採訪他，他總是拒人於千里之外。問他：「為何不接受採訪，這是別人求之不得的事啊！」他卻義正詞嚴的說：「我又不是明星，受什訪啊！我做我該做的事，又不是為了要上鏡頭才做。」每次有哪個不識相的來問這個問題，鐵定會吃他一頓排頭。

然而，事情總有例外。去年，在我新書發表會上，許多媒體除了訪問我，也要求訪問神父，我心裡七上八下，擔心神父會不高興。沒想到，他卻高興的受訪。

後來，我為此向他道謝，他卻笑容可掬的說：「這是有意義的事，我與有榮焉，怎會不高興呢？」他就是這樣一個溫暖的人，讓人不得不對他肅然起敬。

・慈父心情

數月後，有一天神父來接我，以為往教堂去，誰知他卻載我來到一處陌生的市區，車子在一處熙來攘往、人潮滾滾的街頭停下來。

神父指著對面熱鬧的菜市場，要我往那裡看。這時候我才發現，菜市場那頭有一攤販……哦！仔細一看，那個正在大聲

叫賣的攤販，不就是壞傢伙嗎？！原來，這陣子消聲匿跡，就是來此務其正業啊！看來他已經頓悟，浪子回頭了。

這下才明白，神父大費周章的載我來此，是讓我眼見為憑。

在回家的路上，神父笑逐顏開的說：「浪子回頭金不換，這孩子總算醒悟過來啦。」看神父高興的樣子，彷彿看到一個慈祥的父親沉浸在溫馨的親情中。

此時，陽光從陰霾的雲層裡鑽出來，看來明天又將是風和日麗的一天，而神父的晴天指數是——滿格！

國慶·家慶

·「省親」的日子

每年的國慶日那天，縣內縣外，凡是讓謝神父幫助過的殘障朋友都會回來。大家約訂這一天為謝神父慶生，並定這天為大家聚會之日，所以無論分離多遠，多久，都要在這天依約前來。可以說，這一天對惠民、對謝神父而言，是個特別又具有意義的日子。

時序已經邁入冬季了，氣候卻仍然不穩定，時而陰雨綿綿，時而晴空萬里。這些天又因東北季風來襲，雨又淅淅瀝瀝的下，似乎不會那麼快停止。然而，有些事常會出人意料之外。想不到，昨夜還是狂風驟雨，今天一早雨卻停了，陽光從層層疊疊的雲層中探出頭來，剎那間雲淡了，風也輕了，陽光又照遍了大地，一片風和日麗，萬里無雲。

謝神父他心裡正雀躍，心想這真是個好兆頭，明天那些孩子就不用冒著雨回來了，濕淋淋的總是不方便。

對神父來說，日子每天都要過，沒什麼孰重孰輕。然而，今天對他來說卻有所不同，不僅因為今天是國定的連續放假日，對「**惠民**」的人來說，有比放長假更值得重視的事——那

就是「省親」。自從這些小孩學會獨立、成長懂事之後，他們互相約定，每年的元旦回來相聚。

．回想從前

「時間過得好快哦！」神父的思緒陷入回憶當中……

回想當初見面時，他們的情況真是淒楚啊：有些孩子乍看時好像是一團被雕壞的雕像，扭曲變形的身軀縮成一團；如果不出聲，真還以為只是一具壞掉的娃娃玩具，誰還認得出是一個活生生的孩子呢。

孩子們的處境，深深引發他心中的悲憫，也更加堅定他的決心。他向天主祈求說：「上主啊！求您賜給我力量與決心來幫助這些折翼的小天使，打破宿命、重新塑造他們的人生。」

「謝神父，我家鄰居有一位小兒痲痺的姐妹，無論她有沒有生病，她媽媽都把她關起來，不讓她出來，說是丟臉。最近生病，也沒有帶她去看醫師。聽說病得很嚴重！」

神父一聽到這樣荒謬的事，問清楚那家人的住處，趕緊驅車前去探訪。

記得當初見到小理的時候，他已經奄奄一息了。

「伯母，神父想帶阿妹仔去醫院給醫師看，可以嗎？」

那婦人卻說：「這孩子天生賤命，所以才來受苦。若要醫她我沒錢，就看老天的意思吧！」

神父趁她沒拒絕，趕緊把小孩送醫。

醫師說：「如果太慢送到可就回天乏術了，幸好她命大，現在已經無礙了。」

·被叫老啦

時光荏苒，一轉眼，這些孩子都已經長大。

為了感謝謝樂廷神父對這些殘障者的無私奉獻，大家相約每年的元旦，不管多麼忙碌都要趕回來，探望我們這位比父親更像父親的謝神父。

於是，每年的這一天，各路英雄豪傑，攜家帶眷，齊聚一堂，好不熱鬧喔，真是場面浩大的大會師。

眼看著一波又一波的人潮來到，不清楚的鄰人，還以為神父在辦喜事呢！他們哪裡知道，這對他來說是個非比尋常的喜事，有什麼比孩子回來，更讓他快樂的呢！今天最忙的人是神父，最快樂的人也是他，他的笑聲宏亮，此起彼落在人群中響起。

當眾人請他講話時，神父高興的仰起頭，對著大家說：「今天我賺得最多，因為你們又讓我升格啦！」說著呵呵大笑：「你們這些孩子可真厲害，才沒幾年的工夫，一下子讓我當爺爺，一下子又讓我當上曾爺爺，忽然間，覺得自己德高望重起來啦。原來我不是真的老，而是被你們這些孩子叫老的。」語畢又是哄堂大笑。他很有幽默感，很能帶動氣氛，只要有他在，一定讓人開心。

·笑聲迴盪心坎

他來訪的朋友說：「人生的變化無常，有誰能夠料得到，殘障者也有春天。這一路走來，陪他們走過多少滄桑，多少憂患

啊！眼看著這些孩子，能夠從軟弱中堅強，從被否定中建立自信。如今他們個個有成，這對他來說是上主給予的最佳獎賞，再也沒比他們能夠和一般人一樣過著正常生活更值得高興的了。」

有人拿他的禿頭開玩笑，他幽默的說：「你們哪裡曉得，這是智慧的象徵呢，另外還可以讓人家印象深刻，一見面就知道我是個頂天立地的男子漢啦。」

他就是這般幽默風趣，做起事來像拚命三郎，不服輸又不認老。

神父說：「你們國人不是常說『人生七十才開始』嗎？照這種算法，我還是個孩子呢。」

他總是這麼樂觀、開朗，無論對人對事都充滿熱忱。跟他相處很輕鬆，因為他從不倚老賣老對你說教，而他待人處事的身教，已足夠讓我們受用一生。

場內又傳來一波又一波的笑聲，那樣的氣氛很溫馨。尤其，神父開朗宏亮的笑聲，不但迴盪在我們相聚的居室裡，也迴盪在我們每個人的心坎裡。相信在多年以後，當我們受到挫折或退縮時，他的笑聲仍會是推動我們的最佳原動力！

・殘障者永遠的義工

時光飛逝，匆匆一年又一年，轉眼間已到了二〇〇九年啦。時間她像魔術師一樣，能把一個英姿煥發的青年，變成一個年過古稀之年的老人。

神父的體力已經大不如前，他的身體變老，健康變差，唯一沒變的是他的夢想和服務的熱忱，到如今依然盡心盡力做著他想做的事。

他所遺憾的是，到如今還沒找到接棒的人，他說：「這樣的工作，非常需要有心的人，那是可遇不可求的事。一切隨緣，由天主安排吧！」接著又說：「如今所能做的是，看自己有多少能力，就付出多少。」鞠躬盡瘁，貫徹始終，這就是他的精神寫照。

從過去到現在，整整一輩子了，他就是那樣的無怨無悔，為殘障者默默的付出，付出他的青春歲月、他的無私愛心。他犧牲奉獻的精神，他的義行，由於筆拙無法一一細訴，只能大略的寫下他的部份事蹟，陳述一二。

我謹以此文，祝福我們這位令人愛戴的「殘障者之父」，一位永不氣餒的長青樹，前無古人，後無來者，來自義大利的謝樂廷神父，他是殘障者永遠的義工。

他的部落子民

·「心」的道路

謝神父除了負責「惠民殘障中心」，同時也是大同鄉的本堂神父。所以，神父常開玩笑說：「我也是原住民。」

民國六十六年，謝神父被調到台灣負責「惠民殘障中心」，並服務大同鄉教堂。那時候山區十分落後，山路崎嶇不平，對於原民又不了解。

有人勸謝神父說：「別去當吳鳳！奉獻到最後連生命都被榨光了。」

想不到神父卻說：「在我之前，我們靈醫會的神長華神父[2]已經先我駐守在那裡，他們都很愛戴他，現在他去世了，由我接棒。相信我也會努力讓他們把我當朋友，引導他們走向一條『心』的道路。」

---

2 華德露，1912 年 6 月 20 日生於義大利。1936 年晉鐸，開始福音傳播。1995 年 10 月 21 日，在探訪原住民途中跌倒辭世，感念他的人無不痛哭失聲。華神父在台灣奉獻四十多年，他的精神和仁者風範長存蘭陽地區。他為原住民犧牲、奉獻的故事，甚至已收藏在國小的鄉土教材中。

‧臨時保母

「既然要上山，那至少也要攜帶隨身防身器具。」

神父笑著回答：「我又不是去打仗。一本聖經，以及一顆誠心足夠也。」

神父說：「山胞的生活十分清貧，他們依靠打獵生活，雖然擁有一大片山林，但不會去開墾、破壞山林，所以越往山裡走越荒蕪。」

回想剛到之初，這些原民對信仰似乎不太熱中，對他這個神父不太搭理。

白天，大人把孩子放在教堂，便自顧自的去工作，留下大大小小的孩子。

「神父，阿德的弟弟尿下去了。」又有一個孩子在哇哇叫：「好臭哦！」神父說：「叫阿德幫弟弟清洗。」女孩說：「神，父阿德跑出去玩了。」神父只好幫小的清洗。

就這樣，教堂成了免費的托兒所，而神父卻成了臨時保母。傍晚，孩子們的父母才將他們一個個接回家。

‧那就去請他開呀

傳達教義不一定非得在教堂才行，也可以改變方式。他說：「既然他們沒空過來，我就把教義帶過去給他們。」他從此和原民們打成一片，也因為越深入了解，越能體會他們的困境。

有一次去探訪一個生病的男孩，他正陷於彌留狀態。想不

到，就在為他敷油的同時，他忽然甦醒過來，對神父說：「我不想死。神父，請帶我去醫院吧！」

神父馬上停止敷油動作，抱他起來，一路馬不停蹄的開車直往羅東的醫院。

抵達的時候已是午夜時分，男還仍昏迷不醒。值班醫師說：「需要馬上開刀，但我沒辦法，如果是大醫師或許還有希望。」

神父著急的說：「那就去請他開呀！」

「可是，有誰敢去呢？大醫師的脾氣是出奇的壞……」

神父聽他這麼說，連忙解釋：「不！你們誤會他了，他很有愛心，尤其是對病人更是盡心盡力。」

果然，謝神父匆匆離開，很快就看到他倆一前一後急匆匆的往開刀房跑去。

時間滴滴答答分分秒秒的飛走，一直到天亮，神父都守在開刀房外。快過中午，開刀房門才慢慢的開啟。只見大醫師拖著疲憊不堪的身子，從開刀房走出來，對滿臉焦急神色的謝神父比一個OK的手勢，兩個人不約而同的歡呼起來，不停的唸：「哦！感謝天主」

從此，神父更積極的為原民的醫療努力，直到多年後有些志同道合的良醫願意走向深山服務[3]，他那顆懸掛的心才放下來。

---

3 「IDS 山地巡迴醫療給付效益提升計劃」，在台灣本島亦由羅東聖母醫院開始，每天二十四小時，讓遠離醫院的山地鄉也隨時擁有更可近的醫療資源。颱風天，這條山路斷了就走更遠的山，路不能走了，就以空運帶來基礎醫療，對偏遠的病患從不放棄。

・我也是高山族

時光飛逝，匆匆數十年過去了，從1950、60年代到2009年，一路走來，台灣的經濟蓬勃發展，人民的生活品質提升，已不能同日而語。對於原住民的生活，近年來政府已為他們做了不少改善措施，幫助他們能夠生活安康。

謝樂廷神父除了服務「惠民」外，同時也服勤於宜蘭的山區大同鄉。剛開始是三星、牛鬥與寒溪教堂，再一路往上走，即為松羅、英士、馬輪。

他常開著那輛老舊破車去拜訪教友，由於個性開朗幽默，因此很受歡迎。可以說，他所到之處，歡笑必隨之。

後來，在華神父過世，而其他人對深山興趣缺缺時，他卻慨然接受。從此，茂鞍、四季、南山及接近梨山的環山部落等，都由謝神父負責。

謝神父說：「原住民的文化是多元性的，但有一個共通點，那就是他們都很樂觀開朗。」

山是越走越高，情是越放越長。因此，他常揶揄自己是高山族。就這樣，他成了高山族人的好神父、好朋友，開山闢地為山地人帶來了信仰、信心，同時也帶來了愛與希望。

・神父，請救救我的女人吧！

當談及山上原住民的生活相關情況時，謝神父不無感慨的說：「越往深山裡走，感受越深。深山部落的原住民，由於經

濟上的貧乏，環境的落後，使他們的生活變得更為清貧。」

由於醫療資源不足，若有人生病，路程遙遠，有時候總會留下遺憾。例如，有些急性的病常來不及送醫，還沒走到半路，就天人永隔了。所以，鄉民們只好用傳統的方法來處理，不是祖先流傳的祕方，就是巫術。

這些情形，神父看在眼裡，疼在心裡，總覺得該為他們做些什麼才對。

還記得，那是個秋末的夜晚……

通常，山上的夜總是顯得特別寧靜，唯獨那晚的天氣風起雲湧，有點兒山雨欲來風滿樓的徵兆。他剛把門窗關上，準備就寢，忽聞一陣噼哩啪啦，雨就下來了。頃刻間，風狂雨驟，整座山林都覆沒在它的威力中。有幾扇沒關好的窗戶，很快就灌進了大量雨水。

神父好不容易與那陣陣狂風拔完河，剛把窗戶關緊，忽然就傳來一陣急促的拍門聲：「開門哪！神父！」

實在想不透，在這樣的夜晚，這樣的風雨，竟然有人冒險前來，想必一定有急事。當他把門打開，一股猛烈的風雨馬上灌進來。

這不是尤勞嗎？「你怎麼冒著這樣大的風雨前來啊？」

尤勞人一進門，見到神父便央求說：「神父，請救救我的女人吧，她快不行了！從早上就喊著要生產，直到現在還沒有把孩子生出來。巫師說這樣的情況是不祥的，要趕緊送醫。我也覺得她的氣息越來越弱了！請神父送她到醫院好嗎？」

神父二話不說，立刻就帶著尤勞去開車。

・在山路上狂奔

在這種暴雨狂下的夜晚，山區的路線非常模糊，路面不但坑坑洞洞，一路走來落石不斷，險象環生。在崎嶇的山路開車，別說晚上，就連白天也很危險，何況是在這樣的暴風雨夜呢。

一路上，就好像上演恐怖片一般，車子飛快的穿梭，想擺脫這個窮凶極惡的暗夜，怕一恍神就會被那如巨人般恐怖的暴風雨給吞噬掉。

神父說：「那時候全憑直覺，以及一股使命感，不斷的往前衝。天主保佑，終於能夠平安的把人送到醫院。」

到急診室的時候，產婦已經奄奄一息，醫師說必須馬上開刀。然而，保證金對一貧如洗的原住民來說絕非一筆小數目，這事兒可真的把這對夫妻給難住了。

神父見狀，就去跟醫師說：「救人為要，這是本院的宗旨。等天亮，我會幫他繳交保證金的。」

那真是個漫漫長夜。神父陪著尤勞守在開刀房外，直到母子平安，他才踏著疲憊的步伐離開。

・原民們的困境

長久以來，山上的醫療資源一直十分缺乏，這種困境的確亟須解決。然而，深山裡交通不便，因此很少有醫師願意放棄平地優渥的生活，上山來為這些原住民服務，這也是可以理解的。

所幸，聖母醫院的醫師願意輪流駐診。所以，謝神父便負責開車，到部落一個接一個載那些老弱婦孺來看病。

謝神父感慨的說：「以前原民的生活很簡單，都是靠打獵為生；自從政府限制打獵以後，他們的生活就變得複雜了。有些人仍固守在山上，有些人則到平地求發展，雖然生活改善了，卻失去了純真的本質，還把那些城市的垃圾——吃喝玩樂嫖賭——帶上山來。」

對這些人，他很想幫忙，但遺憾的是，物欲了無止境，很難控制，他只有盡力而為了。

在沒有能力幫助原住民家庭徹底解決生活上的困窘時，他所能做的，也只是把善心人士奉獻的物資，一車車的送上山去罷了。不過，那也只能解決燃眉之急而已。最重要的，還是得靠政府來幫助他們，有好的福利政策來改善原民們的生活和環境。

值得敬佩的是，原民們一般都很樂天知命，對於惡劣的環境總是甘之如飴，從不怨天尤人。這就是謝神父所愛的，也是天主所愛的，部落子民呀！

部落教堂

・拜訪春天

「那年我們來到小小的山巔，有雨細細濃濃的山巔，你飛散髮成春天，我們就走進意象深深的詩篇……」

一路上，大家敞開喉嚨大聲高歌〈拜訪春天〉，車子蜿蜒而上，兩旁樹林一字排開，似乎張開雙手來歡迎我們。

當謝樂廷神父說今天要帶著我們參觀大同鄉的南山四季教堂時，大家好高興哦，一大早就起床準備，期待今天會有好天氣的來臨。

果然，老天爺沒讓我們失望，天高氣爽，風和日麗，真是一個遊山玩水的好天氣。

這是一九八四的春天，已經是四月末了，山上的杜鵑花仍然開得花枝招展，放眼望去，滿山滿谷處處都是，彷彿在炫耀它們旺盛的生命力。

打開車窗，迎面飄來陣陣的花香、樹味，讓人覺得神清氣爽，感到心靈都要飛躍起來了。

‧虛驚一場

從小生長在海邊的我，對山一直有著一股莫名的嚮往與好奇，所以便請求神父有空帶我上山去，感受一下山林的魅力。

果然，山的莊嚴和氣度真是不同凡響。「我見青山多嫵媚，料青山見我應如是。」現在，我多少能體會南宋詞人辛棄疾寫下〈賀新郎〉這首詞時的心情了。

當我正忘情於山水間時，忽然看到前面稍遠處有兩個人抬著一個人往路旁一丟便要離去。「唉呀！出事了！」我不知不覺的叫起來。

謝神父也發現了，車子往目標前進，停車以後，快速往那兩人走去。

最初，在車裡的我們並不知道謝神父會對那兩個年輕人說什麼——現代的年輕人可不喜歡聽人家「講經說教」啊，因此非常替他擔心。萬一他們是壞人，若要傷害神父可怎麼辦，我們可都幫不上忙呢。越想越擔心，整個心七上八下，不得安寧。

想不到，過了一會兒，那兩人又走了回來，把丟在路旁的人抬回車上，然後揚長而去。

謝神父也回到車上，告訴我們說：「是部落裡的一個青年，今天又喝醉酒臥倒在路中央，所以才把他抬到路邊。還好他們住在同一部落，我請那兩位青年載他回家。沒事了，喔，幸好只是虛驚一場。」

・柳暗花明又一村

車子重新發動，我又重拾心情和山對話。

山明水秀，風輕氣爽，最是令人陶然忘我的呀。每到一處轉彎，都會有「山窮水盡疑無路，柳暗花明又一村」的新氣象。神父才剛說：「快到了。」果然再轉一個彎，就看到山地部落了。

越接近部落，碰到的熟人越多。這些原住民都很熱情，一看到神父的車，便放下手中的工作對著神父招手，有些人還送他新鮮的疏菜。神父也高興的對他們揮手，或從車上拿一些東西送他們。

就這樣，走走停停，招呼不斷，使車速大大緩慢下來。我總算見識到原住民的熱情啦！進入村子以後，這樣的情形越多，車子一路慢慢的開進部落。

・清貧而悠閒

一到部落又是另一番景象，高高低低的平房依山而建。穿過窄窄的巷子，一路映入眼簾的是一般山上村莊景象，或是木屋，或是石屋，樸實簡陋，甚至可以說破舊殘敗的分布著。

他們的生活看起來很清貧，不過卻很悠閒。三三兩兩，打著赤腳，穿著輕鬆的短褲，或坐或蹲，聚在自家門庭，一邊閒話家常，一邊修理農具，或在曝曬他們的小米、香菇。有些婦女帶著孩子在追趕家裡的豬呀、羊呀、雞鴨呀，滿山滿谷，搞

得雞飛狗跳。

眼前這個場景，不禁使我聯想到陶淵明的〈飲酒詩〉：「採菊東籬下，悠然見南山。」好恬適的生活步調！真覺得我們的到來是一種侵犯呢。

果然不出所料，沒多久，車子後頭不知從哪裡開始，跟來了一群小朋友，不斷的呼叫著謝神父。看來，這份恬適早已被我們給破壞了……

・你們乖嗎？

終於，神父將車子開到了教堂門前停下。這是一座典雅的平房教堂，不怎麼寬敞，卻很肅靜。神父把我們一個個抱下車之後，孩子也追上來了。

孩子們好奇的圍繞我們這些坐輪椅的大哥哥、大姐姐，追問著神父，你一句、我一句，童言童語，話起家常來。

他們每個人都想表現，一談起自己最得意的事便口沫橫飛、手舞足蹈起來。

當神父問他們：「你們乖嗎？」

大家異口同聲的說：「很乖！」

偏偏同儕「互相漏氣」，指稱對方的不是，為此爭得面紅耳赤。

看來，神父對這樣的吵鬧似乎很習慣。

神父指著一個一臉調皮、大約五六歲的小男孩說：「這個孩子是在颱風夜出生的，他的父母冒著生命的危險，頂著大風雨，連夜要我把他們送下山到羅東聖母醫院。唉！慶幸當初沒有被大風雨嚇住，堅持下山。時間過著好快哦，轉眼這孩子已經長得這麼大了，真是歲月不饒人啊！」

‧救人要緊

當神父邊說邊發糖果，把最後一包糖果、餅乾發送完畢的時候，傳教師匆匆跑來告訴神父說：「住在山後屋那位邱老太太生病好幾天了，好像很嚴重，都沒有看她出來走動。」

謝神父一聽，感到事態嚴重，便請一位婦人招呼我們，馬上跟著傳教師走。

婦人對我們說：「那老人實在很可憐，媳婦跑掉了，留下兩個小孩讓她帶。兒子又不爭氣，自暴自棄，整天只知道喝酒，把自己搞得醉醺醺的，也不肯工作，不管她們祖孫的生活。祖孫常常有一餐、沒一餐的，有時候大家看他們可憐，偶爾接濟一兩餐。畢竟大家的生活也都不好過，已經自顧不暇了。好在平常有神父幫助他們。」婦人說著，不知不覺的感嘆起來。

現在我終於了解，為什麼經常看到謝神父的教堂裡堆著一堆堆的米、麵、奶粉、罐頭和衣物，又為什麼會很快又搬光不見了。原來，那些東西都是為了要濟助這些人啊。看來，這些原民對神父的依賴不僅僅是信仰而已。

當我們正聊著時，卻見謝神父又匆匆的趕回來。

他神色凝重的對我們說：「我們回去吧！那位老太太病情嚴重，必須馬上送她去醫院。」

大家聽神父這麼說都無異議：「既然這樣我們走吧，救人要緊。」

雖然來去匆匆，令人有點遺憾，不過這也是沒辦法的事，期待下次有機會再度造訪吧！那時候再好好的瀏覽一番。

・可憐祖孫情

車子停在一間簡陋的矮屋前，神父進去扶那老婦人。不一會兒老人出來，身邊卻跟隨兩個四五歲的小孩。

神父說，老人不放心把小孩丟在家裡，堅持不去醫院，只好把他們祖孫三人一起帶下山。

老人一路上很安靜，兩個小孩卻依偎在阿嬤的懷中，童言童語講不完。

孫子說：「阿嬤，您趕快健康起來，長大以後我要像超人那麼厲害，帶著您去世界各地遊玩。」

另一個卻說：「我要當富翁，賺很多錢來孝順阿嬤哦。」

好令人心疼的小傢伙，這一番話叫我們聽了好感動，難怪他阿嬤抵死也不願和他們離開。老人微笑的看著孫子漸漸的睡著了。

車子漸行漸遠，再經過一個彎道部落就不見了。回眸一望，看到天主堂上的十字架，此時在陽光的照射下發出耀眼的光芒。是啊，謝神父對這些山村部落所做的奉獻，不就像那太陽溫馨的光芒，溫暖著山村裡的每個角落嗎？

・「惠民」比家更像家

老人果然重病必須住院，兩個小孩就成了神父的小跟班，從此成為殘障服務中心的一員。

一般來說，教堂既嚴謹又肅靜，不是一個好玩的地方，通常小孩子都不太喜歡。但是，謝神父的教堂有別於一般教堂。因為，為了幫助殘障者，神父還設立了「惠民服務中心」。

「惠民」比家更像家，當我們累了，受到欺負、受到歧視的時候，回來這裡，有安慰與鼓勵。這裡沒有人會嫌棄我們的殘缺醜陋的外貌，因為神父教我們看重靈魂的美，比身體的美更重要。當我們做錯事，或與人相衝突時，在這裡可以獲得原諒與寬恕。

神父一向仁慈、寬宏，無論對與錯，總以包容的心待人，再曉以大義。他每次總是說：「誰能無過？知錯懂得悔改，一樣可以堂堂正正做人。」

感謝神父讓我們看到靈魂的美，也懂得疼惜自身的殘缺。

自從有這兩個小傢伙加入以後，教堂更顯得朝氣蓬勃。他們活潑好動，毫無拘束，在這裡沒有人會責備他們。加上嘴巴很甜，左一聲大哥哥，右一聲大姐姐，叫得我們心花怒放，想不疼他們都難，因此他們也過得很開心。

・走出陰霾

經過半個月，醫院通知神父：「老人病危。」神父馬上帶著小孩去醫院。

之後，不見小孩回來。問神父：「孩子呢？」

神父說：「老人過世了，孩子的爸爸痛下決心悔改啦，在靈前立下誓言，從此戒酒，努力工作，扶養兩個兒子。」

神父又說：「既然他真心懺悔，就該給他一次機會。」

所謂浪子回頭金不換呀，希望他真心悔改，好好的照顧那兩個小孩。

能夠有這樣的結果，也算是不幸中的大幸，故事有個圓滿的結局，相信老人在天之靈也會含笑點頭吧。

我們默默的祝禱這個不幸的家庭，從此走出陰霾，讓那兩個小傢伙平安健康、無憂無慮的成長。

謝樂廷神父傳

・祖先們尋求桃花源

1914年6月的「塞拉耶佛事件」，被認為是第一次世界大戰的導火線。之後，戰線主要分為東線（俄國對德奧作戰）、西線（英法對德作戰）和南線（即巴爾幹戰線）。戰場主要在歐洲，所以「一戰」又被稱為「歐戰」。「一戰」中，約一千萬人喪生，二千萬人受傷，經濟損失約當時幣值的一千七百萬美元。

至於，第二次世界大戰爆發的原因，乃是在巴黎和會種下的禍根：因為《凡爾賽和約》把戰爭的責任完全歸於德國，賠償金額根本不是德國所能承擔。而世界經濟大恐慌，德國受害最嚴重，也給予納粹崛興的機會。加上《凡爾賽和約》把但澤自由市作為波蘭出口，並割波森、西普士狹長地帶與波蘭，使德國領土分裂，更引起德人不滿。

此外，義大利人不滿義大利在一次大戰後未能獲得阜姆港，則使法西斯主義有機會在義大利興起。在幾年時間內，墨索里尼就鞏固了自己的獨裁地位，義大利也淪為一個警察國家。1929年世界性的經濟蕭條嚴重衝擊了義大利，促使墨索里尼決意擴張殖民以減輕國內的經濟壓力。

更糟的是，烈強各為己謀，競相擴大軍備，就算舉行多次列強會議也無法徹底解決裁軍問題。此外，綏靖政策對德、義、日等軸心國的鼓勵，國際聯盟的軟弱，根本無力制裁軸心國對其他國家的侵略……

以上種種因素，導致了二次大戰的爆發。這是世界歷史上，迄今為止，規模最大、傷亡最多的一場戰爭，光是喪生人數就在五千萬至七千萬人之間，受傷人數當在億萬人以上。

請想想，千萬家庭在戰亂中喪失親人，顛沛流離，他們是多麼悲痛哀傷，多麼無助無奈呀！

而在義大利，經過兩次大戰的劫難，民生蕭條，盜匪四起，人心惶惶不可終日。為了逃避盜匪侵害，原先住在山下之謝神父的祖先們和鄉親於是一塊逃往山上，在一塊處女地阿爾卑斯山裡安居下來，從此開墾、建設他們的桃花源。

・兄弟各有志

謝樂廷神父本名里澤・切萊斯廷諾（Rizzi Celestino），1937年12月30日誕生於義大利特倫托（Trento）縣的阿爾卑斯山區（Alpi）內的小鎮卡烏伊札納（Cavizzana）。

他以雄壯威武的阿爾卑斯山人為榮，身材魁梧，說起話來鏗鏘有力。但最重要的不是這些與力評比的事，而是他有一顆溫柔善良的仁慈心腸。

他家無良田，除了一小塊山坡地種植蘋果樹外，家庭的生計就靠做酪農的父親與大哥了。

他有兄弟姐六人。由於家庭清貧，大哥還未成年就隻身到法國謀生，而後結識法國女孩，就在那兒結婚定居。二哥、三哥意在教會，所以兩人一前一後都進入修會讀書，以便為將來的修道之路做好準備。

有一次，村裡的老神父問他：「切萊斯廷諾，將來長大想做什麼事業啊？」

這時候，年幼的謝神父不假思索的就說：「我將來要跟您一樣當神父。」

那老神父又好奇的問：「不想賺錢也不想做官？嗯！為什麼想當神父呢？」

謝神父回答：「可以幫助更多的人呀。」

老神父讚許說：「好！好！好小子，從小就有悲天憫人的心懷……」

・就是想珍惜生命，所以才選擇服務

1949年10月2日，進入米蘭附近之維斯孔蒂鎮（Villa Visconta）的中學就讀。這時候他十二歲，隻身來到米蘭修會創辦的學校讀書。

這是一所迷你學校，校內學生一共四十三人。學校規模雖然很迷你，讀書風氣卻很鼎盛。事實上，為了培育人才，學校對學生的管教可說十分嚴格。

然而，他寫信回家時，卻告訴父母不用為他擔心，他會守好本份，做自己該做的事。

第二年放寒暑假時，大家都計劃回家或旅遊，唯獨他選擇在醫院服務。

同學好奇的問：「人生得意須盡歡，莫辜負好時光啊。」

想不到神父卻回答說：「就是想珍惜生命，所以才選擇服務。」

這裡也是修會的醫院，病人不少，但大都是窮人。剛開始到醫院服務時，他覺得很憂慮，擔心萬一服務不好，對病人造成困擾就不好啦！所以他每天都戰戰兢兢的不敢怠慢，幾乎搞到華燈初上才拖著沉重的步伐回校休息。

有一次，他漫步在米蘭的街上，忽然聽到「嗯嗯哀哀」的呻吟聲，這才發現有人病倒街頭。看到這樣的情形，他心裡很難過，心想：「總該有人為他們做些什麼吧？」他於是走向前詢問：「老兄您，哪裡不舒服，需要幫忙嗎？」

當神父將他送醫以後，又煩惱的想著接下來該如何處置呢？他心想：這時候如果有收容機構那該多好，這些人就不會凍死街頭了。

從那時候開始，謝神父便篤定自己將來要做的事，心中總是懷著這份悲憫的心情，盡心盡力的為病患服務。他想：和這些人比較起來，自己真是幸福多了。所以他很樂意為這些人服務，希望能夠藉此幫他們減少一些痛楚，哪怕只是露出一點點笑容，他都覺得很安慰。

‧第十七號病患的故事

在醫院裡服務時，謝神父看到的是，不一樣的人在受一樣的痛楚。他總是默默的為他們祈禱，希望上主垂憐，使這些人得救。

這些天，有一位病患讓他很擔心，他的病情很不穩定，清醒的時候很沉默，整天不開口，只有陷入精神混亂時才會滔滔不絕的講話。

有一次，神父經過那人的病房，忽然被叫住。神父回頭一看，這不是那位第十七號病患嗎？神父感到很訝異，平常這人很少開口，更別說自動對人講話，想不到現在會叫住他，想必有特別的事。

神父走過去問：「有什麼事需要我幫忙嗎？」

那病患微笑著從懷中拿出一張相片說：「你看，她很漂亮吧！」

神父看著相片中長得面目清秀的女孩，回答說：「嗯，很漂亮。」

那病患忽然激動起來說：「她是我的未婚妻，本來我們相約逃離鐵幕，想不到千辛萬苦來到自由地區，卻因為種族歧視而受排擠。在舉目無親、求助無門的情況下忍受飢寒交迫，就這樣讓我眼睜睜的看她客死他鄉。」

「她走的那一天雪花片片，是一片銀白色的世界。我想把僅存的體溫給她，可是任憑我怎麼呼喚，仍然救不了她冰冷的身體。剎那間我覺得被神作弄了，被全世界遺棄了，這世界是無情的、冰冷的，沒有一點溫度。」

他越說越激動，後來忽然停止，看著相片說：「親愛的，你再忍耐一下，再過不久，我們就會團聚的。」

聽那病患這麼講，謝神父心裡有點擔心，只好安慰他：「你好好把病養好，一切都會否極泰來。」

還校日到了，謝神父必須回去上課，但特別交代醫院的人多

注意那病患。誰知道，等再度回醫院的時候，那人已經過世了。

· 痛失父親

多麼無奈呀，人生的悲歡離合總無情。

就在那一年，神父的父親也過世了，這消息令他很心痛。還記得，離開故鄉那年，自己才只有十二歲……

那一天，父親送他去火車站，父子倆離情依依。當時他心裡不捨的吶喊著：「再會吧！我的故鄉，再會吧！我的親人、朋友。」

那一天，雪下個不停，他背負著行囊，和大病初癒的父親，一起走在冷颼颼的雪地上。父子倆一路上相互依偎著，默默前行。

父親還不時伸出那雙滿是結疤的手，把他拉過來緊靠在懷裡，讓他取暖。平時看似瘦弱的父親，現在靠在他身旁，才覺得他很強壯。在這樣的冰天雪地裡，緊握著父親的手覺得格外溫暖。

一路上雖然默默無言，這股暖流卻牽動著父子倆的心。

神父回憶說：「有這份父愛呵護，使我面對未來更有信心。」

那天，雪在飄著，雨在飄著，心也飄著。天氣很冷，但心卻很溫暖。這樣的情景，這樣的父愛，讓他永生難忘。只是沒有想到父親會走得那麼快，那麼突然。悲莫悲兮生離別！

雖說人生難免生死別離，不過，一旦發生在自己身上，仍然令人感到極其悲痛無奈呀。

當然，在醫院這樣的場面經常可見，病人進進出出，起起落落。這就是人生的無常啊！一切隨天主的旨意吧！

·二十五歲那年他決定走向修道之路

1954年9月，神父入靈醫會，在聖朱利亞諾（S. Giuliano）讀五年哲學。

十七歲，正值意氣風發、充滿朝氣的青春年華，也是個享受生命活力，讓青春奔放的無憂歲月，但是，他卻選擇和一般人很不一樣的修道人生。

有人好奇的問：「為什麼不選擇平凡的尋常生活、結婚生子這條路，莫非有什麼挫折或打擊？」

他笑笑的說：「我好得很，沒什麼挫折、打擊。選擇這條路可以服務更多的人，做更多的事。這才是我所要的人生。」

晚年的他，沉浸在往日的歲月中，緩緩的述說著，每次讀聖經時，最讓他記憶深刻的一句話——天主說：「為弱小兄弟做的，便是為我做。」所以，他想用一輩子的時間來為弱勢者服務。唯有完全的投入，才能完全的奉獻。

「那年對我來說是個意義非凡的一年，也是畢生的轉捩點，從此成為服務人群的傳道者，朋友。」

1959年9月，在蒙蒂內羅（Montinello）讀四年神學。

1963年6月23日，他終於如願加入神職的行列，「進鐸當神父」。

在別人的看法這是一條孤寂的路，對他來說卻是夢想的實現。

他欣然的說：「我永遠記得，在神聖的祭台前，主教為我做完一切的儀式，宣告我已進鐸成為神父時，剎那間我有一股前所未有的重生的感覺，覺得人生才剛開始，一切變得多麼美好，多麼有意義。這是個令人畢生難忘的日子，」

服務人群是他的職責，但是他更想幫助弱勢，所以他很想成為靈醫會的一員，到世界各地貧窮落後的國家幫助那些特別需要幫助的人。

他努力成為靈醫會的會員，也以靈醫會為榮：「靈醫會的組織遍布全球，幫助弱勢，濟助貧窮。」

如今靈醫會給他這個發展空間，正好可以實踐自己想做的事，為弱小兄弟做服務，幫助需要幫的弱勢。

・靈醫會的由來

談到靈醫會，這是由一位天主教聖人聖嘉民・德・雷列斯（St. Camillus De Lellis）所創辦的組織。他1550年出生於義大利中部基愛蒂的布基安（Bucchianico di Chieti），1614年卒於羅馬。1571年，在矢發修道聖願之前，曾在奧古斯大（Augusta）的聖雅各伯醫院（Ospedale San Giacomo, via Canova）工作。在那裡，他的皈依漸趨成熟，並決定獻身為受病苦煎熬的人們服務。其後，他多次回到這所醫院中，並開始撰寫其醫務修士會的會規。1586年，他創立了靈醫會（Camillians），並與他的同會兄弟們一同遷往聖瑪利亞瑪達肋納堂（Santa Maria Maddalena in Campo Marzio）），後來在那裡興建了總會院。

當時的歐洲常有內戰、瘟疫與饑荒發生，民不聊生的淒慘景象，一波接著一波，難民以及散兵游勇，窮困潦倒、病死街頭的人很多。每當他看到這樣的情況，心裡就難過起來，立志要救這些人遠離水深火熱。從那時候開始，他召集一些志同道合的人共襄盛舉，便著手組織靈醫會。

靈醫會的宗旨：「是扶弱濟貧、行醫濟世、幫助孤兒老弱殘疾等。後來發展到世界各地，凡是貧窮落後的國家，都有他們的足跡，他們用愛心去建設陽光的天堂，讓愛的種子在那兒成長茁壯，是一個服務全球性的醫療組織。」

‧靈醫會士

參與的靈醫會士來自不同國籍，卻懷抱著共同的理想與信仰，大家奉獻一顆熱忱的心，不分種族與膚色，只要是需要幫助的人，就是他們服務的對象，因此足跡遍布世界各地。

‧遙遠的東方——台灣

謝神父眼看著兩位哥哥和鄰居大哥李智都去台灣的羅東聖母醫院服務，他也希望能夠和哥哥一樣到那個聽說神祕又落後的地方服務。

第二年，即1964年，他申請獲准，興沖沖的追隨哥哥前往那遙遠的東方服務。當時，他對這個在地圖上一點也不起眼的彈丸之地——台灣，充滿了好奇。

有人問他：「為什麼選擇那麼遙遠又落後的地方服務？」

神父說：「因為越是落後，就會有越多殘疾病患需要幫

助。這才是我們主要的服務目的。」

1964年7月11日，謝神父第一次來到這個熱那亞（Genova）國際港，準備啟程前往東方，這也是他第一次離開國門。

・漫漫航程

離別是思念的開始。那天，天空疏疏落落飄著毛毛細雨，絲絲飄灑在身上，彷彿是一種遊子的鄉愁瀰漫心頭，隨他乘向東方那個名叫台灣的地方。他心裡不禁吶喊著：「台灣我來了！」

從拿坡里上船，船隻慢慢的離開那長長的海岸，然後穿越蘇伊士運河，「陸續經過北非，印度孟買，雅加達，新加坡，香港，需要經過一個多月才能抵達台灣」。船，就這樣從窄窄的海峽向著大海飄揚而去。

他心裡充滿著對於未來的憧憬，雖然不知道那神祕的國度，會是個什麼樣的景象，相信憑著一股不變的信心，不管遇到什麼困難，都會迎刃而解。

天地悠悠，海天一色，不知何處是歸程。這是他生平頭一次看到海，一望無邊無際的汪洋大海，這時候才知道宇宙的浩瀚，人的渺小。哇啊！好藍的海。對著眼前這水天一色的海景，他不由得生出了敬畏之心。

在海上行駛一片漫漫的海洋，那感覺很滄桑。有時候平靜無波，有時卻是驚濤駭浪，就像起伏不定的人生一樣。尤其越是靠近亞洲，遇到暴風雨的機會更多。

他說，本想趁這機會好好的欣賞一番，想不到上船沒多久就遇到考驗：一向健壯硬朗的他，這時候卻變成軟腳蝦，頭暈得不分東南西北，走起路來東倒西歪，這才明白原來暈船是他的致命傷。

屋漏偏逢連夜雨，船航行在太平洋上又遇到颱風。這是他頭一次見識到颱風的威力，可把他這個土包子給嚇壞了。

那一次，讓他深刻的領受到海的兇猛與無情，翻天巨浪，波濤洶湧，黑天暗地襲擊而來。這樣浩蕩的聲勢，別說他們這些從未見過世面的人無法招架，即使那些經歷過世面的水手，也未必受得了吧。

當時，船上眾人變得好沉默、好安靜，有些人在祈禱，有些人在唸經，也有些人在膜拜。「神啊！祈求您俯聽我們的祈禱，保佑我們平安度過這次的風災。」大家用自己所信仰的方式祈求平安。

好震撼，耳邊傳來巨浪波濤洶湧的聲音，眼前是一片黑天暗地撲蓋而來，好嚇人哦！生平第一次航行就碰到如此的大陣仗，著實令他印象深刻。

他說：「或許神有聽到我們的祈禱，這場噩夢很快就雨過天晴、風平浪靜了。」

這讓他感悟到，人生的際遇無常，更要即時把握、珍惜現在。

他最開心的是，每到一個港口就可以瀏覽岸邊的風情，而每個岸上都有不一樣的民風。這是他第一次踏上熱帶島嶼，那裡的民情熱誠親切，充滿朝氣，起初他還以為是台灣，後來才知道是新加坡。

不愧是水果王國，他說一上岸就被鳳梨那份酸甜滋味迷住了，一次就吃了好幾顆，害得當天晚上鬧肚子痛，嘴巴也難以

倖免，好長一段時間看到鳳梨就害怕。

回想這一路海天漫漫的航程，從地中海、阿拉伯、印度到新加坡，可真是一條很長很長的「海上絲路」哩。

最後，經過漫長的航行終於到達台灣海峽，一個神祕、充滿希望的福爾摩沙，大家忍不住一陣歡呼。

1964年8月10日，船終於在基隆港靠岸。

・聖母醫院

基隆雨港雖美，但宜蘭縣的羅東聖母醫院，才是謝神父此行真正的目的地。

這是一所由靈醫會所建設的醫院，為幫助這兒一些貧苦的病患，一群靈醫會士胼手胝足，從無到有，努力的增建。

「五十年前的宜蘭縣人口二十六萬，只有幾間小型診所。」

靈醫會為了服務幫助台灣一些貧窮的人，在當時落後的宜蘭羅東地區，買下台式尖頂平房的博愛診所，更名為聖母醫院——象徵會士們願意像母親對子女般來照顧病患。當時，小小的醫院僅有十二張病床。後來，民國41年12月新建的一棟尖頂平房落成，足可容納二十張病床。

草創之時，聖母醫院可真是創業維艱，醫療資源、設備匱乏，醫療人員工作備極艱辛，當時只有護士十三位，而醫院中主事的神父、醫生、修士、修女們，上下一心，同甘共苦，樹立了良好的典範。而後相繼又在冬山鄉的丸山設立肺結核療養院、聖嘉民啟智中心、安養院，以及後來由謝樂廷神父所服務的惠民殘障服務中心等。

1950年代的醫療落後，傳染病很多，別處不敢接受的病人，他們接受，別處不敢碰觸的病人，他們一視同仁。設立這些機構，都是應當時的需求所設立。

「五十多年來，這些靈醫會士們無怨無悔的為台灣人民默默的奉獻，默默的付出，從不去向世人宣告自己的偉業。他們胸懷丘壑，以四海之內皆兄弟的大同理念，以耶穌的博愛精神來實踐這份助人、救人的宗旨。這種濟世情懷，便是每個靈醫會士的生活指標。身為會士的謝樂廷神父不辭千里迢迢而來，為的是實踐這救人、助人的宗旨，他不但辦到了，而且做得更投入。」

．民風樸實的島國

終於結束了一段漫長的航程，踏上台灣這塊土地，謝神父覺得特別欣喜。若從地圖上看，台灣只是一個不起眼的「小不點」，然而當他踏上這塊土地時才發現，這個島國民風樸實，人情風貌別有一番情境呢。

走在1950年代的市集裡，兩旁是疏疏落落的平房，偶爾有一兩座樓房錯落其間。街頭上，可見來來往往騎著腳踏車的人潮，或兩三輛馬達三輪車穿梭其間，構成一幅欣欣向榮的街景。

這個海島遠比他想像中還要貧窮落後，這是他對台灣第一個印象。但是，他非常喜歡羅東這個純樸的地方，人們一見面就親切的互打招呼：「吃飽未？」他最喜歡聽到那樣招呼聲，讓人聽著覺得好溫馨。

今後他將在這地方長駐，希望能夠盡一份心力，為這裡需

要幫忙的人助一臂之力。

・學習中文

1964至1965年，謝神父到到新竹外語學院學習中文。

這是為了敦親睦鄰，也為了方便服務。他的學習力很強，沒幾個月的時間，不僅能夠把中文琅琅上口，還認識了不少中國文化。

由於他生性活潑，待人親切又樂於助人，很快就與當地人建立了友誼。他常常觀察廟會等慶典活動，想去了解當地的風俗。他並不會排斥別的宗教，反而希望彼此尊重。

他發現本地人的信仰很民俗化，卻又迷信多於信仰，這是可惜的地方。

「謝神父啊！阮ㄉㄠ拜拜請人客，恁來乎阮請，好嗎？」

「好呀！謝謝！」

在地人就是這麼熱誠，而神父也不會因為宗教上的差異，就拒絕別人的好意。

他想人與人之間貴在真誠的來往，所以每次有人請他幫忙，他一定義不容辭的相挺。所謂四海之內皆兄弟，很快就有很多朋友了。

・惠民殘服中心

1966至1969年，他回到羅東聖母醫院。

1969至1977年，去澎湖服務。

1977年8月15日，再次調回台灣，從李智神父手中接手，負責惠民殘障服務中心。

從1950年代開始，小兒麻痺症盛行於台灣，給孩童帶來嚴重災難[4]。

為了服務這些折翼的天使，羅東天主教靈醫會，於民國六十二年設立「聯誼中心」。謝神父接手以後，修改名稱為「惠民殘服中心」，並擴展服務，做得更深更廣。

從1950年代開始，惠民所服務的對象只有寥寥幾個病童。這並非當時的殘障者少，相反的，由於適逢小兒麻痺症流行，受害者很多；但是，由於民風閉塞，能夠走出來的卻沒有幾個。

當時的醫學並不發達，民生蕭條，普遍貧窮，社會福利做得很少，殘障者連手冊都沒有建立，更別說關懷與扶持了。

・你是不是金光黨？

幾個靈醫會的神長，如李智、呂若瑟神父、柏德琳修士等人，跟謝神父的看法一致：「那些小孩可能連書都沒讀，窩在家裡走不出來。既然如此，我們就去把他們找出來！」

台灣人很保守，通常不讓小孩隨便和陌生人接觸，所以實行起來總是不容易，不僅常會招來阻礙，嘲笑和懷疑更是在所難免。

---

4 儘管臺灣自1966年實施小兒麻痺疫苗預防接種計劃後病例顯著下降，但是1982年又再度爆發全島大流行，計有1,042例通報（98例死亡），通報病例以第I型最多。依病毒檢驗報告資料，1984年以後即無分離出野生株之小兒麻痺病毒，自1992年度實施「根除三麻一風」計劃以來，即以「急性無力肢體麻痺」作為小兒麻痺症之疫情指標。

有人問他：「阿兜仔，你安呢行來行去，是底找啥咪？」

謝神父回答：「我在找小兒麻痺的小孩。」

那人充滿好奇又問：「你找他們做什麼？」

謝神父說：「我想幫他們。」

那人似乎不相信，這世上怎麼會有不想賺錢的人！一臉狐疑的問：「你是不是金光黨？休想來這裡騙人喔！這可是有法律的國家，會把歹徒修理得很慘再關起來哦！不相信你試試看。」邊說邊比手畫腳的虛張聲勢。

神父看他那般架式不以為意，和氣的笑著對他說：「我是個神父。您看我像壞人嗎？！」

那人一聽是神父，馬上表示歉意：「喔！對不起，失敬、失敬。」

這世上確實少有像他這樣的笨人，不為己利，難怪會讓人起疑。

・把孩子找出來！

為了尋找小兒麻痺的小朋友，謝神父幾乎天天穿街過巷的做訪視。

記得有一次探訪一位小孩，第一眼真讓他震撼。天啊！怎麼可以這樣！怎麼有這樣悲慘的人！他無論是身軀或四肢都扭曲得不成形，像一條蟲一般在地上蠕動……Oh！My God！怎麼會有這樣的事？怎麼可以讓人活得這麼悲慘啊？讓人看得好心疼哦！

神父向前輕輕的抱起地上那孩子，心中下定決心：「上主啊！請給我力量，讓我幫這些孩子站起來。」是的，這就是他此後一生想要做的事。

1950至1960年代是個宿命的年代，凡事靠命運。當時，有許多本不該如此的小孩，卻因為這一場流行病而終身成殘或病故。

這是個貧窮沒落的年代，也是個傳染病橫流的年代。沒有社會福利，面對一波又一波的流行病毒，有錢的人感染了還好，可以送醫院照顧；貧窮的人罹病就只能自求多福，然而，他們除了求神問卜之外，就只有自生自滅了。

神父說：「每次看到那些殘障小孩在地上爬行，心裡就悲痛起來。」他立下誓言，要讓這些殘孩站起來，走向康莊大道。

就這樣，他從都會到鄉村，從海濱到山林，四處訪查，無怨無悔的為殘障者奔走。

由於當時的民風保守，進行家庭拜訪更是困難重重，往往一片好意，卻常被誤以為是騙子的例子層出不窮。不過，也只好一笑置之。畢竟，這些都不重要，重要的是能夠讓他們了解他的誠意，重要的是能夠讓那些在地上爬行或縮成一團的小兒麻痺孩子及時得到救援。

那天，神父最後只好請人轉達來意：「大嬸我帶您兒子去醫院治療好嗎？不免錢哦！」

那大嬸狐疑的問：「真的不免錢！」「當然真的。」

・人生以服務為目的

他一次又一次的訪查殘障者，每次總是這麼樣苦口婆心的

說服家屬。另一方面，他也尋求收容與醫療的醫院。這時候，他偶然得知台北振興醫院[5]有收容與醫療專收小兒麻痺的小孩。於是，他很快的陸陸續續把縣內這些小孩全數送到振興醫院就醫。

每次，當他看到一個在地上爬行的小孩重新站起來時，他便虔誠的向天主謝恩說：「謝謝上主，您又幫我拯救了一個孩子。」

振興、榮總醫院或「重新專門製作殘障扶助用具」、新竹、中部習藝中心，無論路程有多遙遠，只要是殘障朋友的請託，他都肯為他們奔走。

平均一個星期跑二三趟，宜蘭—台北、宜蘭—新竹，或宜蘭彰化，他都不以為苦。他說：「能夠看到他們站起來自力更生，是他最期待的事。」所以不分晝夜，只要是殘障朋友需要幫忙的事，他都義不容辭。

就這樣，他周而復始，日復一日，年復一年，為殘障者服務不懈。這就是「人生以服務為目的」的謝樂廷神父。

謝神父不僅成立惠民殘障服務中心，也為全縣一千三百多各殘障朋友帶來光明與自信。後來謝神父鼓勵殘障朋友自立自強，並幫助他們成立殘障機構。於是，宜蘭縣內的殘障團體紛紛設立，不同性質的殘障團體各有自家的機構。謝神父希望就此讓他們成長茁壯，有一片屬於自己的天空。

---

[5] 振興醫院於 1967 年，由我們最敬愛的蔣夫人宋美齡女士所創辦。為了幫助成千上萬亟須醫療救援與復健的小兒麻痺病童，免費提供復健醫療、職業技能訓練及義肢支架裝配等，受惠的院童數以萬計。如今長大成人並對社會有所貢獻，蔣夫人的德澤令人感念無限，讓他們在獲得救治之後，還能學習一技之長。

‧基督徒的責任

至今，數十寒暑過去了，謝神父從一個意氣風發的青年，變成了一個白髮斑斑的老頭。神父說：「我總算盡到一個靈醫會士、一個基督徒的責任了。」

事實上，在接棒人還沒有出現以前，他打算繼續努力做下去，為更多殘障朋友們鞠躬盡瘁，死而後已。

唉，人生能有幾個數十年，又有誰願意為一群殘障者無怨無悔的付出呢？

如今，謝神父卻因一場車禍躺在病床上了。這也許是上主要他暫時休息吧！

陳彩美的生命故事

（陳彩美・進行性肌肉萎縮症）

隨筆

悲莫悲兮生別離，樂莫樂兮舊相知。

人生的因緣聚會無常，沒有想到，兩個不同世界的人，會成為無所不談、相知相惜的朋友。這莫不是應驗那句詩詞：有緣千里來聚會！

‧家喻戶曉的人物

佛家云：「十年修得同船渡，百年修得共枕眠。」我不知道像我們這樣相知相惜的情誼要修幾年？

1977那年的夏天對我來說是個意義非凡的暑期，有人說：「相逢自是有緣。」對於我和他的相識且相知相惜，是不是也要修幾年，才會有那樣的情緣？

那一年的夏天，你來我們這個偏僻的小漁村做調查研究。你原來是中央研究院的學生。

對於你的到來，我早有所聞。在這個偏僻淳樸的村落，一有風吹草動馬上就掀起波濤，成為茶餘飯後的笑談。何況是你——一個來自城市的學者，又是中央研究院的學生，怎不引起整個村落的人注意呢？學者在教育不普及的鄉野是何等的受尊崇啊！

所以，你早已成為家喻戶曉的人物啦。

至於我個人，因為一向不管什麼外界或內界的任何事，對於這些是是非非往往充耳不聞。事實上，自生病以來，我的世界就只有家，我的天空是在夢想的世界，而我的視界裡卻只有書；至於那些新聞，只有任它飛過。

偏偏有一個愛傳播的堂嫂，有事沒事都來我家說長道短。舉凡哪家兒子娶媳婦要多少聘禮，哪家老母豬生了幾頭小豬，她都瞭如指掌。村裡這些大小事都逃不過她的法眼，而且比早報更早到，幾乎每天都有新聞。臨走時，她不是要一把蔥、蒜，就是一把蔬菜。老媽總是縱容她，每次到菜園摘菜都會為她多摘一把，實在讓我看不下去。

我跟老媽說：「您在縱容她的貪婪哩。」

想不到我老媽卻說：「你阿嫂家的情況和我們家以前差不多，所以她才會想佔一點便宜，現在我們有能力，就多體諒一下吧！」

想不老媽竟說出這麼多道理，我也只好依了她。

・一見如故

就因為有這位消息人士的傳播，對於你的一舉一動，我也就幾乎瞭若指掌了。只是，我萬萬沒有想到你會突然造訪。

我家的門向來都是敞開的。那天你來到門口喊道：「有人在嗎？」老媽一聽說有客來訪，馬上從廚房出來，看到你怯生生的站在門口說：「阿嬸我可以進來嗎？」老媽那種海派的作風很快展露出來，親切的招呼你。一聽說你是個學生，老媽就更加疼

惜，充分發揮她的母愛精神，把家裡好吃的都拿了出來。

後來，你表明來意，說要見我。老媽有點猶豫，她知道我的個性不喜歡與人打交道，但一聽說你想要見村民口中的才女，老媽一高興就忘了我的忌諱，把你帶進我的房間來了。這下真讓我有點措手不及呢。

你一見面就直截了當的說：「有人告訴我說，你是個很特別的女孩，所以想來認識你。」看你態度誠懇又坦率，彷彿看到自己的影子，也就不再計較。

想不到我們一見如故，聊得很投機，竟惺惺相惜起來。也許，這就是所謂的投緣吧。

你說：「我還是個學生，目前在紐約攻讀博士學位。這個暑假期間都會待在村落做研究。」

之後，你常來找我。不知道為什麼，每次我們一見面，就有說不完的話題。那年暑假是我難得過得既精彩又快樂的夏天。

可惜，暑假很快過去，你像候鳥一樣又要飛走了，飛回美國繼續深造去也。

我也只能說：「海內存知己，天涯若比鄰。」除了祝福，只有默默的為你祈禱早日功成名就、拿到博士學位。

・落葉歸根

潮來潮去，春去春又回，日子似乎過得很快。

每個寒暑假你都有回來，但總是來得匆匆，去匆匆。

終於，在一次來函中，你告訴我拿到博士學位啦。

你對我說：「學校要留我在這裡教書，到底留在美國好呢還是回來好？」

身為朋友的我所能夠給你的意見，就是落葉歸根。因為我了解，你是愛家的人，正好就此擺脫那份身為遊子的寂寞啊。

如今，你回來了，並且在國內的一所名校當教授，終於可以安定下來，我為你感到多麼高興，你終於可以一展長才為國家作育英才啦。

・來者日已親，去者日以疏

想不到，「天有不測風雲，人有旦夕禍福」，當我還在為你的成就感到高興的時候，自己卻因為一次意外大腿骨折，不得不離家上山靜養。本以為是暫時性的，哪裡知道從此我的天空風雲變色，必須長年在外漂泊。

住在療養院以後，心情變得很憂鬱。雖然，上至院長，下至看護，都對我很照顧，但對於沒離開過家、想家的我來說，再親切也很難以化解心中那份「想家的惆悵」。環境的改變、生活的變遷，令人情也變得生疏了，一時之間叫人有些難以適應。

在那樣的時候，的確很需要朋友。所以我告訴你，我住在山上。真想不到，你一接到信就馬上趕來啦。

朋友見面恍如隔世，竟有說不出的無限感慨。你不斷的安慰我，幫我打氣，要勇敢的面對橫逆。

臨別之際，你說：「回去後我會寄一些書過來，好好保重，我還會再來探訪。」誰知道這一別卻從此斷了消息。

我等待你佳音的心情隨著日升日落而起伏不定。剛開始我以為你忙，所以失聯。後來我放棄了，不再傻等空想。友情必

須建立在誠信上，才能有真正的情誼，既然無心，那麼一切就隨緣吧！這檔事是勉強不來的。心想這樣也好，我自己這個樣子還談什麼情誼，還是孤獨的好。至少知道你過得很好，這樣就夠了。

‧解開失聯謎團

人生有許多路可走，偏偏我走不出宿命的安排，越走越低落。

可喜的是，離開丸山前夕，所有的謎團都解開了：原來，療養院在聖母醫院另設有一個信箱，所有的信件都由總務的蘭姐一個人在處理。而她卻是一個不怎麼重視書信倫理的人，加上她的雜務很多，以致常將一些書信遺失。

若不是有人在尋找信件的話，大概會一直被矇在鼓裡。難怪，你的學生告訴我說，你有寄一些書信給我，卻都沒有收到回音。

經過這番傳聞我已經明白，為什麼幾個好朋友都在這時候斷聯，原來都是陰錯陽差而產生誤解。如今往事已矣，一切只能成追憶了。

‧眾裡尋他千百度

隨著歲月荏苒十幾年過去了。我住進宜蘭醫院以後，也已經過了七八個年頭。本以為這輩子再也無緣聯繫，不會和你再有交集，誰知道很多事情往往出人意料。也許，冥冥之中老天早已安排好了？但事情就是那麼巧合：最近對面床來了一位老太太，她兒孫滿堂，個個都很孝順，幾乎每天都有兒孫陪伴在旁，連遠在美國讀書的孫女也專程趕回來探望阿嬤。老人家雖然恍恍惚惚，似乎還認得出自己的孫女。

當我和那位女孩閒聊當中才知道，原來她的先生是你的學生，目前都在美國進修攻讀博士學位。

我幾乎不敢相信這人世間竟有這麼巧合的事情，人生的際遇就是這麼不可思議。所謂：「眾裡尋他千百度，驀然回首，那人正在，燈火闌珊處。」於是，我請那位女孩代我詢問你：若你還記得我，請聯絡：如果忘掉就此作罷。

那女孩回美國之後，我很快就收到你的來信，原來真的是你。我真不敢相信哪，而這一切卻那麼真實。你信上所提的那些人、那些事一一呈現，彷彿又回到往日和你相處的那段時光。「人生不相見，動如參與商。」如今過了十幾年，村子的人與事，早已隨著滄海桑田的變遷人事全非了。

我以為你像候鳥一樣，只是偶爾停留的過客，揮一揮衣袖便不會留下什麼記憶，想不到經過十幾年的光陰，在你的心裡依然有這段記憶，真不枉我們相交一場。

‧樂莫樂兮重相逢

本以為這輩子我們將無緣再見，想不到多年以後，在那個夏天的午後，護士小姐來說我有外找——原來是你找來啦！

久別重逢彷彿在世紀外，哦！我真不敢相信，這一切是多麼意外！

該如何感謝天恩呢？在我生命即將隨時寂滅的時候，還能與你重逢，這莫非是上天給予我們的考驗與恩賜？如今重新拾回這份失落的情誼，叫我怎能不珍惜？怎能不感恩這樣的傳奇呢？

我問你：「這些年來過得好嗎？是否已兒女成群？」

你說自己依然是自由之身，但有許多兒女——學生就是唯一最親的孩子。

原來，你依然如故，還是遊戲人間的候鳥……

情到深處

·壞天氣

時序已經邁入深秋了，早上的太陽還很優雅的從東方慢慢升起。山上的氣息顯得寧靜安詳，想不到中午以後卻來個大逆轉，風起雲湧。

所謂「山雨欲來風滿樓」，那氣勢詭譎得很。接著，一陣強過一陣的大風大雨來勢洶洶。這時節竟然還有颱風！老人家常說：「九月颱，無人知。」果然，在這樣的季節，來這場急速的風災，更讓人措手不及。

·會有人上山來嗎？

「這樣的天氣應該不會有人上山來吧！」甲護士對著幾位同仁談著。

乙卻回答：「那也不一定哦！那位每日必到來的多情郎……」

甲說：「這種天氣怎麼可能，拿生命開玩笑？」

乙說：「像他那麼執著，一定會不顧一切。」

她們你一句、我一句沒個結論，後來爭論的結果卻以打賭收場。

我覺得這些人真無聊：「吹皺一池春水，干卿底事？」不過，我雖然沒有參與，心裡卻在想著：這樣的風雨，那位林先生真會上來嗎？真有那麼深情的人嗎？

・兒時的颱風夜

那天入夜後風勢越來越強大，九點多山下的燈火已經一片漆黑，只留下幾盞昏黃的路燈一閃一閃、有氣無力的與風作戰，「咻咻」的一陣又一陣呼嘯，那樣的風聲好熟悉哦，彷彿又回到兒時……

那時候的颱風夜，也和現在的時辰差不多，所不同的是能夠和一家人在一起同舟共濟，全家老老少少每個人都沒有閒著：老媽、阿嬤去菜園摘取一些蔬菜回來，老爸從海灘扛著一袋又一袋的沙包回來壓在屋頂上，並帶領我們這幾個小孩捆綁好一把又一把的稻草，塞入每個會有風吹襲過來的窗口、門縫，將它們堵得水洩不通。我呢，還負責去打古井水回來儲存。當一切都妥當以後，老媽煮著香噴噴的晚餐，全家老小圍繞著一盞昏黃的煤油燈，津津有味的吃起飯來。

那樣的場景好像就發生在眼前一般。然而，往事已矣，滄海桑田，時空早已轉換。如今，我因病成殘，客居療養院，不知道家鄉的親人如何度過這樣的颱風夜啊！但願一切都好。

‧情聖

正當我陷入鄉愁的時候，忽然從北邊的樓梯口傳來鐵門打開的鏗鏘聲。這麼晚了怎會有人上來呢，難道是剛剛查房才下去的院長又折回來啦？

哦不！一個身材高壯的背影走過，正和值班的護士打招呼——喔，原來是二十七號病房那位多情的林先生。

護士小姐：「唉呀！這樣的天氣你怎麼也來，太危險了。」

他似乎不習慣人家的關心，訕訕的說：「沒來看她，我總不放心。」接著又說：「把小孩送到岳父家，所以才來得有些晚，對不起，打擾了。」說著逕自走向二十七號病房。隨即又從二十七號房出來，拿著洗臉盆，取一盆熱水，要幫她太太擦身體、按摩。這是他每天來這裡的工作。

聽清潔工的歐巴桑說：「每次他總是邊按摩邊對太太說話。我問他：『你這樣對著她說話有用嗎？！』他卻回答：『不管有沒有反應，都要對她說話。相信她一定聽得到。』」

七年來他風雨無阻，每天下班就上山來，七年如一日，從不間斷——所以這些人才稱他為情聖。

像他這麼多情的稀有動物，世間能有幾人？我們不知道該為二十七號病房的林太太慶幸，還是為她感到不幸！老天真會作弄人。

護士和阿桑你一句、我一句的談論著，並為他感到惋惜。

・別把青春浪費在這裡吧！

其實，連他的丈母娘也很心疼。每次碰到女婿來醫院，總是對著女婿說：「別把青春浪費在這裡吧！」

那天，那老人帶著幾個孩子來看媽媽，邊心疼撫摸女兒瘦骨嶙峋的身軀，一邊老淚縱橫的哭訴：

「你真歹命，從小家境就不富裕，所以放下大學之路，選擇護校，一畢業就賺錢養家。以為結婚可以讓你擺脫貧窮生活過好一點，偏偏女婿也是貧困家庭。那時候，即使我再怎麼反對，你仍然執意跟他。你總是說：『媽，我們還年輕，只要努力打拚，生活不是問題。』」

「接著孩子連續出生，看你每次挺著大肚子上班我就心疼，只好幫忙帶，好減輕你的負擔。看你兩夫妻胼手胝足努力工作，生活漸入佳境，正為你感到高興，誰知你卻遽然倒下……老天真是作弄人，唉！是你命苦，年紀輕輕就中風。」

「你這一倒，什麼事都不知道，放下這些孩子讓你的丈夫操心。眼看他一個人要工作賺錢養家，也要兼顧孩子，又要照顧你，裡裡外外忙得像只陀螺一般，任誰看了都會心疼。」

「所以，我就叫他再娶，別浪費青春。哪裡知道他卻拒絕，說：『媽媽，您怎麼變糊塗啦！您的女兒就是我太太，她還在，我怎能負她。』你聽，這麼有心的人！」

「女兒呀，如果聽得到我說的話，就趕緊好起來照顧你的丈夫、孩子，別再讓你老母傷心難過……」

兒女生病，母親總是最心疼。每次看到這位歐巴桑老淚縱橫，我不知不覺也跟著難過起來。悲莫悲兮生離別，生老病死苦，這人生不如意事太多，很多事都難令人如意，想來做人真命苦啊。

·別把青春浪費在這裡吧！

那晚風勢很大，一雙耳朵沒個安寧，整個夜晚都聽風怒吼、發狂的呼嘯。害我睡不安穩。耳邊除了風聲鶴唳外，偶爾也傳來悲慟的哀號聲，走廊上也有急速的腳步聲匆匆去來。莫非老人又有狀況？真是多災多難的夜晚。唉！不知這場風災又要造成多少災害——而我的老家、我的父母是否平安！

我就在這樣忐忑不安的心情下忽醒忽睡著。

誰知，第二天卻是陽光普照風和的好天氣。走出屋外，卻見花草樹木凋萎殘敗，到處滿目瘡痍，大樹倒下，小樹連根拔起，電桿線東倒西歪，令人不忍卒睹。

這景象已經夠悲涼了，哪裡知道更傷心的還在後頭。

原來，昨晚二十七號病房的林太太過世了，難怪會有哭泣聲。唯一令人安慰的事是，那位多情的林先生被這場風災留下來，才沒有錯過送太太最後一程。

這事過了一星期之後，林先生又上山來拿回太太的東西。他整個人瘦了一圈，一副滄桑的容顏顯然蒼老許多。他有禮的向護士、阿桑道謝，而後又走進二十七號病房久久才出來。

眾人目送他帶著悲慟的情懷離開，身影走入陽光之中，再見啦！悲傷。

我心裡也默默為他祝禱，但願他揮別

回首向來蕭瑟處

・媒體來訪

這是夏末的早上，太陽一大早就顯現它的熱誠，將整個院落，遍灑其光輝而顯得金碧輝煌，即使山區不時有清風徐徐拂來，也難以躲開那逼人的暑氣。

今天不是什麼特別的日子，只是有客來訪，對一向好客的院長柏修士而言，是特別有意思的日子。人逢喜事精神爽，似乎連老天爺都很照顧，連日來的雨停了，氣候也風和日麗。

從幾天前就開始忙，樓上樓下每天檢查，怕有一丁點兒的落塵都難逃他的法眼。聽說今天會有媒體來訪，院長以他慣有的戲謔態度吩咐說：

「今天台北的媒體會過來採訪，大家要上鏡頭，打扮漂亮一點，搞不好會當明星哦！」

「院長早！」

「哦！Miss Lin，你今天好漂亮！對，保持形象，OK！」

院長平常就事必躬親的人，今天更是忙得不可開交。不過，他還是保持他向來的風度，處變不驚，一副老神在在的精神。

·原滋原味的風格

早起的鳥兒有蟲吃，懂得個中道理的就屬院長柏修士了。天還未亮，他就上上下下、山南山北走一回，當大家才從被窩裡鑽出來的時候，就已聽到他宏亮的談笑聲，從東走道走到西走道。

今天看起來和平常一樣，一點都不緊張。但只要有人對他談起這座療養院，他便慎重其事的跟你侃侃而談。

這也難怪，對老修士來說，整座山林、整座的療養院與病人都是他的一切。終其一生把自己奉獻在此的一切，豈容有人質疑或褻瀆！所以當別人想要一探究竟的時候，他希望對方也能夠以同樣的心態來看待。

山中林雀鳴叫，陽光灑落在林葉間，金光隨風吹拂閃閃爍爍，使整個沉靜的院落都甦醒過來，而那些媒體在眾人的等待中終於出現了。

儘管對院長老修士來說這是頗具意義的事，但除了要員工保持整潔外，他沒有刻意的安排，仍然以原滋原味的風格去面對媒體。倒是他身旁的那些左右手特別的熱中。

·我可以和你做朋友嗎？

我向來不喜歡這類活動，從來沒有參與。不是自閉，只是想尋求一份屬於自己的寧靜。幸好，沒有院長許可她們也不敢勉強我，隨我的意願在病房裡看書。

我總覺得媒體是屬於明星的事，不該來打擾這份樸實。

正在沉思時，忽然聽到院長宏亮的笑聲朝向這邊來。抬頭一望，院長與幾位青年已經出現在我的面前，一時之間我怔了一下。

老修士把我介紹給他認識。他說：「冒昧打擾，實在很抱歉，以前我也是本縣的人，很高興認識你。」原來他是攝影記者。

當他們見到我那一刻似乎很訝異，我想大概是認為「怎麼年輕女子也住療養院」吧。果然，他們問我為什麼住在這裡，老修士幫我回答，我卻覺得無奈，最怕碰上這些「外侵」了。

那青年問我說：「小姐，我可以和你做朋友嗎？」對這突如其來的舉動讓我有點慌，隨口回答說：「好。」我想這大概是隨意說說，所以也沒有放在心上。

隨即老修士又帶他們離去，想不到他又折返，跑來對我說：「我會再來找你。」就匆匆的跑去和大家會合。

不管他是真心或只是一時的同情心起，我都感謝，但對於這份意外的情誼我並不期待。

・落花無意

這件事我並沒有把它放在心上，隨著時光的流轉也就完全忘了。想不到，有一天午休，假寐中感覺有人在我身旁守候，睜眼一看，卻見一張俊秀泛紅的臉、對我微笑著說：「你睡姿好美哦！」

被他這突如其來的狀況嚇一跳，我問他：「你來多久啦！」

他一臉歉意說：「對不起，把你吵醒！」

我起身一看，才發現他一身濕淋淋：「你淋雨嗎？」

他手指外面：「你看，陽光普照」往外頭一看，對喔！

「那你怎麼會濕成這樣？」我好奇的問。

他說：「我騎自行車上山來。」哦！原來如此。

接下來，實在不知該說什麼，很尷尬。正在不知所措時，他卻一派正經的侃侃而談起來。

那天一整個下午，我聆聽著一個意氣風發的青年談他的夢想。我想，對他而言，聆聽是最好的待客之道吧！

他臨別時候對我說：「我會再來看你。」

我仰望天際那朵朵雲彩，不知道明天會是什麼風情。看他的身影消失在雲霧中，對他的一切就像雲霧般的迷濛。算了，不去想了。

・流水有情

後來我們真的常見面，都在教堂不期而遇。剛開始，覺得是巧遇，他總是有意無意的找我閒聊，當時並不覺得有什麼特別。教堂本來就是人來人往的地方，他的出現也是很平常的事。

可是，有次阿香姐對我說：「最近有位年輕人常來找你，我跟他說你上教堂、下山啦。他有沒有去找你？」我才恍然了悟，原來如此。

多麼難懂的人哪，找我這個病殘的人做什麼呢！本來想避開他。後來想想，何必這麼小家子氣呢？也許他只是一時的好

奇罷了。只要我的態度不會讓他誤解就好了，久而久之他就明白了。果然，後來他就離開了。

・水晶宮裡的溫柔

大約經過半年，忽然接到他的電話。他說：「我現在人在外島採訪，這裡好美，天空很藍，水比天更藍，海底更是一片美麗晶瑩剔透的水晶宮，很想把這裡的美搬回去給你看，尤其是這裡的人情風貌很樸實，是我所嚮往的。」

看來他找對地方了。忽然，從電話那頭傳來女郎溫柔的嗲聲對他說：「早餐幫你準備好了，快來吃嘛。」看來他是真的找到所屬了。頓時心裡感到輕鬆起來。我謝謝他，並為他祝福。

・鏡花水月

時光荏苒，有一陣子沒有他的訊息，以為他從此安定，正為他慶幸。誰知道，經過一年後的聖誕節，神父來接我，說：「有人在聖堂等你。他看上去很憂慮，你好好的跟他談。」

當我看見他的時候，幾乎不敢相信，眼前這個頹廢瘦削的人，會是那個意氣風發的青年？他一見我就緊緊的握住我的手，情緒激動的對我說：「請給我力量。」說著便哭泣起來。

見這突如其來的狀況我有點慌，邊安撫他，邊聽他細訴：「我以為上天善待我，讓我找到夢想中的伊甸園，原來這一切都是海市蜃樓，鏡花水月。而那座美麗的水晶宮不是天堂，是地獄的魔宮。我的理想國，我的佳人，都沉沒在它的魔界裡，人生一切美好的事物都被它給毀了！完了，一切都完了！」

我聽他嘶聲力竭的控訴著，心裡也跟著他痛起來，一時之間不知該怎麼安慰他，只好對他說：「如果我有力量，很樂意給你，來改變這所有的不幸。但是，使你堅強的能力是在你身上。請相信我，也相信你自己，有這份力量去克服一切逆境。誠然，一顆璀璨光芒的寶石，是需要千錘百鍊之後才會光彩亮眼。我希望你勇敢的面對，就當它是上主對你的考驗吧！早日走出陰霾。」

他默默的聽著，靜靜的注視著我，然後說：「我了解。」握緊我的手道一句謝謝就離開了。

・流雲與孤鳥

直到三年後，入冬的第一道寒流來襲，也是聖誕節的前夕，竟意外的收到他的郵件，裡面有一本厚厚的畫冊，一頁頁夾滿了各式各樣的楓葉，每一片楓葉寫著一句詩文，並附張卡片告訴我：「這些年來我走過很多地方，看過很多，也想了很多。總算想開了，現在我很努力。請等我吧，我會成功回來看你！」

這之後一直沒有他的消息，像斷了線的風箏。有一年的聖誕節前夕，我收到一張貼著一張全家福的相片，相片中的他很幸福，一個甜美的妻子和一對可愛的兒女。

他信中寫道：「我已經有所成就了，我的事業、我的家人都在這裡，沒辦法回去落葉歸根。」

我寫信祝福並告訴他：「家人在哪裡故鄉就在那裡。」

2001年的中秋節，在教堂望彌撒中，發現他帶著家人來參與這場彌撒聖祭，我在遠處望著，他那身影似乎有些走樣，不過，此時正擁抱著幸福與人談笑風生呢——看來他又找回自信了。

我們沒有交集，也就不用作別，像一片流雲，輕輕的飄來，也任它輕鬆的飛走，不帶走一片雲彩。

不知什麼時候開始，黃昏已悄悄的來臨，走在熙來攘往、川流不息的街頭竟有些落寞。此時一隻孤鳥從上頭飛越而過，不知牠將何去何從。忽然有點茫然若失，想來每個人都有自己的路要走，而我是否也……-回首向來蕭瑟處，歸去，也無風雨也無晴？

感謝的心情

・黑頭車

那是民國六十年代初夏的午後，陽光璀璨，麻雀鳴叫，天氣悶熱得很。我家既沒有冷氣，也沒有電風扇，我和阿嬤、媽媽、堂嫂坐在屋後的樹下乘涼，邊刺繡邊聽堂嫂聊村裡的八卦。偶爾凝望遠處，但見一大片稻田滿是黃澄澄的稻穗，正在陽光的照耀下搖曳生姿，看那粒粒飽滿的稻穗已經接近成熟，看來今年將會是大豐收。

鄉間路上忽然出現兩三輛派頭十足的烏頭仔車，在六十年代裡的鄉下這是罕有的現象，也只有大官才能開這樣的大車。心中正思忖著，車子已經停在家門前，來了一大票人，除了村長我認識外，其他我都不認識。經過介紹才知道對方的來頭不小，原來是縣長、祕書長、鄉長，以及救國團的輔導員。

・蔣院長收到信了

可憐的阿嬤、媽媽這輩子大概頭一次見到這樣的大官，平時沉著的阿嬤也緊張得不知所措，不過很快就恢復過來，一邊

吩咐媽媽泡茶請他們到家裡坐，一邊叫堂嫂去找爸爸回來。

當阿嬤還在惴惴不安的時候，他們表明來意，我才知道，原來蔣院長收到信了。那位輔導員姐姐說：「蔣主任（蔣經國先生也是救國團的主任）派我們來帶你去就醫，如果你有什麼需求，別客氣，儘管告訴我好了，我會盡力幫你。」

她留下名片，叫我跟她聯絡。這個突如其來的消息讓我當場愣住了，等我回過神來，才明白這一切不是夢，奇蹟真的出現了，上天真的聽到我的呼求啦，喔！太感謝啦。

盼望多少年的心願終於要實現了，我幾乎不敢相信。那晚不敢睡覺，害怕一眨眼，這一切都不見了。然而，那些人、那些事是這麼真實——縣長慈祥的容顏，和顏悅色的對我說：「請你放心，一切我會安排。」那位輔導員徐姐也請我安心的等待。而那位祕書長陳明宗伯父（他要我這樣稱呼縣長和他，那時候的縣長是陳進東先生）更是親切的說：「小姪女，你是我們的堂親晚輩，我們縣長一定會幫你。」

那天對我及我的家人來說，真是個前所未有的奇蹟，阿嬤馬上吩咐媽媽明天買些水果到廟宇拜拜。

．安排就醫

接下來的那幾天家裡開始熱鬧起來，親朋好友都來關懷。也難怪會造成轟動，鄉下地方少有大人物來訪，那樣的陣仗，對一向樸實的鄉下來說是一個罕有的奇觀，對我卻是個奇蹟——希望這個奇蹟能夠引領我走向健康的道路。

那是初夏的某天，很陽光的早晨，清風徐來，一大早麻雀就不斷的在屋簷叫個不停，彷彿想把春天給叫回來。啊，這一切多麼令人心曠神怡！這是個好預兆。果然，就在這一天，徐姐前來告知已經安排好就醫事項，準備帶我前往。

．他們一路愛相隨

從民國六十年開始，我的就醫歷程啟動了。無論路程有多遠，只要有一點希望就不放棄。只要人家說他神，不管那是名醫、赤腳仙或蒙古大夫，我都想去看看。哪怕那是千萬之一的奇蹟，我都要嘗試。

只要我開口請求，這些救國團的大哥大姐們總像土地公那樣——有求必應。他們為了我的病，為了怕遺漏一次就會造成遺憾，總是一次又一次的為我披荊斬棘，奔波勞累，來來回回，接我就醫，送我回家。從民國六十年開始，他們陪我尋醫覓藥，一路相隨，希望奇蹟出現。

那時，總以為只要堅持就會有希望，老天爺一定會垂憐，讓我找到再生華佗。然而我想錯了，老天負了我，不但不眷顧我，還讓我四處碰壁。儘管所得的是一次又一次的打擊，並沒有使我氣餒。我告訴自己不可輕言放棄，奇蹟一定會在某處等我。每次醫師給我的答覆是搖頭時，我的心都很痛。但我總是在放聲大哭之後，擦乾眼淚，再重新出發。

．有失有得

民國七十年，也是初夏的季節，新聞報導說榮總有位名醫

會治重症肌肉無力的毛病。聽到這個消息，我內心又燃起了希望，於是又商請救國團幾位大哥大姐幫忙。想不到經過這麼多年，他們的慈善依然如昔，繼續熱心的對我伸出援手。

再次北上，我懷著滿懷的信心前往。誰知道進了院，看到那位醫師，所得到的答案仍是無解。剎那間，我的整個心情跌到谷底了。「救國團的」大哥見我心恢意冷，安慰說：「即來之則安之，不妨就安心住下，這裡也有很多名醫以及先進的儀器。」就這樣，我住進中央大樓的病房。在這裡，我的一大感想就是：好大的醫院，好多的病人啊——原來不幸的人很多。

有一天，心情煩悶，妹推我到院區散步。繞行一圈才知道榮總的大，以及病人的眾多。往人來人往的門診大樓看，人潮如湧，無論是看病的醫師，或被看病的病人、家屬，每個人來去匆匆，忙碌極了。好像一群忙碌的螞蟻，卻各司其職。剎那間我才明白，原來每個人都有一副十字架要扛。想到自己這些年來為了求醫也像無頭蒼蠅一樣到處亂闖，苦了自己，也連累了別人，到頭來仍然落空？

也許阿嬤說得對：「命裡有時終須有，命裡無時莫強求。」既然如此，我只好坦然接受，承擔起這樣的宿命。就這樣，想開以後心情也放寬了。

出院以後，沈榮鋒大哥怕我意志消沉，不時的鼓勵我寫作。他說：「阿妹啊！你應該開發寫作這條路，把它作為你人生路來走。」沈大哥總是為我設想，然而當時的我卻沒信心，對一個沒接受幾年國民教育的我而言，那真是一種挑戰。但是，為了不違拗沈榮鋒大哥的一番好意，只好硬著頭皮寫啦。事實上，每次我把稿子交給沈大哥之後就不再去多想了，管它能不能發表呢。

想不到經過一星期卻收到沈大哥寄來一份《中華日報》，而令人訝異的是我的作品竟然被刊登出來。真令人不敢置信啊！不過更令人意外的事還在後頭：除了收到一筆稿費外，竟然收到一封封讀者親切關懷的、加油鼓勵的、友誼的，以及討教的各式各樣的信件不斷從報社轉來。

·寫作之路

這對我真是前所未有的震撼。想當初，沈榮鋒沈大哥鼓勵我寫，我卻感到畏怯，原因是我的知識太少，所謂：「書到用時方恨少。」覺得應該先充實自己，才能有所作為。於是我開始涉獵一些文學、哲學、歷史書籍。可惜我生性懶散，加上病情每況愈下，使我心灰意冷而中斷了寫作的夢想。

這時候徐姐已離開救國團結婚去了，沈大哥也調到別的地方。隨著時序的遞嬗，身體也越來越差，摔倒的次數更頻繁，有一次竟然把大腿給摔斷了，因此被送到療養院，展轉又到宜蘭醫院。

這些年來常回想過去的總總，那些人，那些事，心中對那些曾經幫過我的人更是感念，因此我開始寫傳。這時候神又眷顧我，讓我遇到陳仁勇醫師，受他的鼓勵使我重新又提起勇氣，再度提筆。

·奇異恩典

想不到書寫好，為了出版的事，我請離開救國團到大學任教的張銀富大哥幫忙。原來張大哥竟也認識沈榮鋒大哥。就這樣因緣際會，他幫我找到多年不見的沈大哥，沈大哥又幫我找到已為人婦的徐姐。這樣的際遇真是太奇妙了，感謝上主的恩典，給我這樣的奇蹟。

當電話那頭傳來沈大哥、徐姐的呼喚：「阿美嗎？我是沈大哥。「阿美嗎？我是漂亮的姐姐。」好熟悉、好親切的聲音，好像時光倒流，我彷彿又回到三十幾年前跟他們相處的那段日子。

歲月匆匆去來，人生有幾個三十年，得知他們都過得很好，心裡很安慰。看來老天對我還算仁慈，在我生命接近終了之前，讓我有機會再見到這些昔日幫我的恩人，可以當面對他們說聲謝謝。

種善因得善果，生命會因此變得更美好。知道大哥、大姐他們都平安健康，過著愜意的生活，我心裡比什麼都高興。我不禁心中默禱：甚願這個世界上能有更多的人懂得愛，使世界變得更溫馨美好。

狐狸精

‧山居歲月

人生的際遇變化無常，想不到一場意外會使一個生長在海邊的女孩離開故鄉、離開海洋、離開從小喜歡追浪的沙灘。那長長的海岸，變成夢中的絲路，在每個夢裡化作無邊無涯綿延無盡的相思。來到這山上靜養，這對我來說是多麼大的打擊啊！好在院長人很好，仁慈又善良，對我很照顧，這是阿嬤過世以來，頭一次有長輩對我付出如此溫馨的關愛和呵護。

‧一老一少

山居歲月悠閒寧靜，慢慢的我也適應了山上的生活。一座老人安養院，忽然來了一位年輕的女孩，這似乎很突兀，因此，無形中我也好像被孤立了起來。其實不然，這些老人都很善良，對我也很友善，無形中反而使我多了不少長輩。

回想那段歲月，每到黃昏日落，阿采婆婆陪我做完復健，我也陪她看夜景，一老一少坐在浩瀚杳遙的夜空下說古道今，每天的日子過得又規律又安詳。

·阿采婆婆

阿采婆婆是個典型的傳統婦女，個性木訥，不善與人交際。每次看到她，總是一個人靜悄悄的兀坐某處如枯株。所以，我常邀請她陪我一起做運動。做完運動後，她總是朝著山下平原遙望，跟我訴說家鄉的種種。這時候她完全陷入回憶中，一邊沉入往日時光裡，一邊對我說起家鄉種種：「家鄉那個地方地靈人傑、人才輩出，不但出了好幾個老師，也出了幾個博士，我兒也是其中一個。」

我對阿采婆婆的了解都是從那些工作人員的口中得來的。阿采婆婆是個苦命人，年輕時候嫁給一個吃喝玩樂樣樣精通的有錢公子哥兒。雖然婆家家大業大，無奈丈夫游手好閒不務正業，甚至於把女人帶回家裡來養。三妻四妾，在那樣的年代她無權過問，只得忍氣吞聲。

·我夫我子

公婆過世以後，兄弟分家。儘管阿采婆婆的丈夫也分得了不少財產，但沒想到丈夫竟把那些財產，以及賣掉幾畝田的錢，統統帶走，和外面那個女人雙宿雙飛。更想不到，沒幾年的工夫，丈夫就把一切揮霍淨盡了。更糟的是，那沒天良的老公，敗光財產之後竟還打老家的主意。幸虧有族親長輩阻止，否則他們母子恐怕也將露宿街頭。

俗語說：「一枝草一點露。」當時大兒子雖然只有七八歲，卻很懂事、孝順，幫她撐起這個搖搖欲墜的家。小小年紀卻什麼苦工都做，為了讓弟妹們順利升學，他犧牲自己的學業，直到弟妹可以自立，後來他也半工半讀，一路力爭上游。

時光如流，兒女都長大了，她的苦日子也過去了。現在，每每說起他那當某電視台總經理的兒子時，莫不眉開眼笑。阿采婆的兒女都很有成就，老大電視台總經理，老二廠長，老三、老四是教授。

・男人的毛病

他的大兒子的確很孝順，再怎麼忙也會抽時間回來看老母親。除了出國外，他每個月都會固定回來二次，一次帶著正牌夫人與兒女，回來和老媽重溫天倫，另一次則帶小星——這卻引來了不少「騷動話題」。不是因為他是名人，而是他所帶來的女人有問題。

自古以來，男人總是享有特權——「三妻四妾」，而女人卻得忍氣吞聲的做那個「嫌妻良母」，即使到了所謂男女平等以後的時代依然如此——只是這類習題如今變成地下化罷了，男人身邊的第三者仍然沒斷過。

・三姑六婆

話說回來，這些事屬於私人問題，旁人何必「吹皺一池春水」呢？偏偏裡面的員工有幾個「好奇寶寶」，尤其阿卿這個妮子，總是喜歡探究別人的私事，這類小三的事更令她興致高昂。

這些三姑六婆虎視眈眈，等阿婆的兒子回去，就馬上向阿婆追問：「你兒子真有辦法，大小媳婦都討回來孝順您。大媳婦很漂亮，長得比小媳婦好看耶，你兒子怎麼會看上她呢？」大家彷彿評審委員，你一句、我一句，評頭論足，說得慷慨激昂，口沫橫飛，沒完沒了，連在病房內的我也聽得一清二楚。

・大媳婦

其實阿采婆婆的兒子長得很平庸，如果有什麼特別的話，那該是他的頭銜。「但，這重要嗎？」可是感情這種事怎麼說得準，沒有誰對、誰錯的事，若有，那也是他們私底下的事，別人可是清官難斷家務事，也管不著。

阿采婆婆重聽得很厲害，跟她講話得拉大嗓門才聽得到，尤其是在說她兒子的時候，所以大家覺得阿婆是選擇性重聽。

對兒子所做的事，她覺得很慚愧。她是個過來人，這種事對家庭、對媳婦的殺傷力都很大，搞不好整個家庭會因此支離破碎。

阿采婆婆本來對這個媳婦的印象不怎麼好，嬌縱任性，專橫霸道，從沒有把她這個婆婆放在心裡。但想到這次是自己的兒子對不起人家，她這個婆婆就覺得過意不去，所以對媳婦也格外的心疼。在這樣的心情之下，和媳婦之間更是親切有加，想不到因此得到媳婦的孝順與敬重。每次媳婦回來看她，她就稱讚媳婦的孝心與賢淑，且到處去說總總媳婦的好。這下更是讓媳婦心花怒放，以為婆婆轉性，對她格外心疼寵愛。阿采婆婆嘆口氣說：「媳婦對我越來越孝順，我心裡就越覺得難過。」紙是包不住火的，她擔心早晚會讓媳婦發現，到時候這個家就四分五裂了。偏偏兒子屢勸不聽，唉！跟他爸一樣的德性，真沒辦法。

·小媳婦

第二星期是兒子帶小媳婦來探訪阿采婆的日子。「今天一定要好好的勸導兒子……」阿采婆心中已正打算著怎麼跟兒子講，誰知多事的阿真拉著她等待兒子的到來。原來阿真早就準備好今天非把那個「狐狸精」看清楚不可。阿真一副正氣凜然的模樣，午休完畢就帶著阿采婆婆到小公園的大樹下坐。

那天果然如了阿真的願。據阿真說，那女子長得比正牌夫人差，阿真用她那誇張的動作嘆息著：「唉！男人哪，都是喜新厭舊。」但我心裡明白，那女子並沒有一絲阿真口中所謂的狐狸精影子。

記得那天我有事想去一樓找阿玉，才步出電梯，迎面而來，剛好碰到阿婆的兒子手扶著那女子正要步入電梯，他們和我擦身而過。所以，我趁機將那女子看得一清二楚：一張素雅的容顏，偏偏帶著淡淡的閒愁，讓人看起來很心疼，似乎和狐狸精扯不上關係。這剎那間的交會，勾起我的記憶，我看過那女孩的戲，以及她所製作的電視劇，是一個很有才華的女子。真想不明白，像她這樣的女孩，為什麼心甘情願委身做人家的小三。想到這裡，我反而同情那個女孩，以她的本事根本不用去依賴男人，她為何願意放下身段，死心塌地的跟隨這個男人呢？

情字這檔事本來就很難理解，只是我不明白，為什麼每次發生這種事的時候沒有人去責備那個肇事的男人，而不對的永遠是第三者呢？回首再看看那個坐擁妻妾、正春風得意笑得燦爛的男人，剎那間我才領悟過來，原來壞男人都是被那些笨女人寵出來的。

問世間情為何物？

・一支紅杏

1984年的春末，我住進台北近郊一家醫院靜養。本以為醫院該是個寧謐安靜的地方，誰知道春天遠去了，它的精靈卻仍然駐留在我的病房興風作浪，不但搞得春意盎然、春心盪漾，還促使一枝紅杏出牆來招蜂引蝶，一時之間風雲際會各路蜂哥蝶弟紛至沓來，好不熱鬧哦。

而這枝紅杏就是我們這一病房，最近剛住進來的，一位年輕俏麗的女孩。自從她來了以後，使原本平靜沉寂的病房變得活潑生動起來。

年輕有朝氣是原因之一，但主要是她人際關係寬廣，不時有年輕的男孩來訪，幾乎每天都有訪客。

・招蜂引蝶

這女孩就像某種夜行動物——白天醫師查房時，她病懨懨的，一副有氣無力的樣子；一待夜晚來臨，她就判若兩人，不但精力充沛，還打扮入時，偷偷跑去約會。由於她上下打點

得好，沒有人會管她。所以，她也就更加肆無忌憚的隨意外出了。然而，她每次約會的對象都不是同一個男生，我真替她擔心，怕她夜路走多了會碰到鬼。但無論怎麼勸她，總是聽不進去，畢竟我們非親非故，也只能點到為止。

有一天晚上，她很狼狽的回來。第二天，她的N男友跑來安慰她，大家才知道，原來她碰到Y和B男友，因為爭風吃醋而大打出手了。難怪古人會罵女人是禍水，指的應該就是這樣的女人吧？

後來，她就乖乖的待在病房裡，不再動不動就亂跑出去了。可是，她並非就此安份守己，而是轉移陣地，把病房當作她的交誼廳，從此我們這些室友反而不得安寧哩。

每當夜晚華燈初上，我們這一室總是坐不暖席，有些室友紛紛藉故離開，只有我還跟她耗下去。

不過這也難怪，年輕嘛！《詩經》不也說：「關關睢鳩，在河之洲，窈窕淑女，君子好逑。參差荇菜，左右流之，窈窕淑女，寤寐求之。」人長有幾分姿色，嘴巴又甜，聲音很嗲，十足的女人味，有幾個男人會不動心呢？難怪會有那麼多男孩趨之若鶩，頻頻示好，每天假借探病之名，想要一親芳澤。

我實在搞不懂這些都會男女，說起情話來總是旁若無人，只顧著小倆口甜蜜蜜，卻不管別人覺得噁心肉麻。她覺得很自然，我們這些旁觀者聽起來卻是很愕然哩。

・新戀愛觀

這位豪放女所交的對象三教九流都有，其中三個看起來比較正點，談吐涵養較優。較帥氣的是軍官，斯文的是大學生，踏實的是公務員。我問女孩到底喜歡哪一個，哪知道她的回答卻是那麼妙：「每個我都喜歡ㄟ，你不覺得他們都很優秀嗎？」

「可是，你總要選擇一個作為終身伴侶嘛！」

她卻理直氣壯的對我說：「在沒有結婚以前，每個人都可以做朋友啊。」

我無言以對。這是都會男女的價值觀，還能說些什麼？

想一想只好把空間讓出來，所謂眼不見為淨。為了不做電燈泡，為了不想聽那些膩死人的情話，我和妹妹偷偷的跑出來，一路閃東避西逃離護士的視線，總算讓我們走出來了。

好舒暢哦！迎面而來卻是清風明月以及燦爛的星星，好美的夜，如詩如畫，難怪古今中外會產生那麼多愛月的詩人！如果可能的話，我也好想在這麼美麗的月夜裡尋夢。妹忽然有感而發的說：「出來真好，空氣新鮮，令人舒暢神怡。」

・劈腿一族

正當我們走到中庭花園時，卻看到一對難分難捨的情侶如膠似漆的擁抱在一起，只聽得那男孩說道：「你在這裡等一下，我去去就來。自己的老姐嘛，不看，說不過去。我很快就出來。」仔細一瞧，那不是每星期天都來找隔壁芳鄰說情話的那位飛官嗎？看來樓上又將上演另一齣樓台會啦。

小妹義憤填膺的說：「又是一個劈腿族，原來跟我們樓上那位芳鄰是同路人，真是物以類聚。」

我對妹說：「別管人家啦，我們還是到別處走走，可別辜負這麼美的月色。」

姐妹倆邊走邊聊，徜徉於山水間。正陶然忘我時，已經來到這幽靜的荷花池畔，山風徐徐吹襲著荷葉，把整個荷花池播弄得甦醒過來。真是吹皺一池清水，好不生動。這使我想到徐志摩的詩〈再別康橋〉：「撐一支長篙，到青草更青處漫溯，在星輝斑斕裡放歌。」此景此情真讓人陶醉忘我啊。

．勞燕分飛

正沉醉時候，耳邊忽然傳來嘆息聲。是誰在這良辰美景裡嘆氣呢？真煞風景，真可惜了這麼美好的月夜。

向周圍仔細一看，那不是林姐和周大哥這對苦命鴛鴦嗎？

林姐說：「你別再理我啦，還是回家吧！我不能讓你成為罪人。」

這時周大哥安慰著說：「別想那麼多，我已經錯過一次，我不想再錯過第二次。十年生死兩茫茫，不思量自難忘，這是上天憐惜，才會讓我們十年後還能再度重逢。」

這時候妹竟忽然小聲的問我：「那這對算不算劈腿族？」

「別胡說，他們的情況不一樣。我聽林姐的表妹說，他們本來是一對相知相惜的情侶，只因為招贅問題以致勞燕分飛。林姐是獨生女，父母要她招贅，偏偏周大哥又是長子，擔負著家庭傳承的責任，父母不允許，使得一對相愛的男女無法有情人終成眷屬。」

「本來他們商量好要私奔，誰知偏偏在這個時候林媽病倒，因此她沒有去付約，就這樣陰錯陽差。等母親燒退了之後，林姐跑到男友住處，哪裡還有伊人蹤影！她發狂似的到處尋找，後來才從一位同學的口中得知男友已經回家。當她抵達男友家時，迎接她的竟然是男友的婚禮，新娘卻不是她。遠遠的望著那曾經相愛的男友，正牽著別人的手步入禮堂，她再也受不了，全身癱軟無力，搖搖欲墜。她崩潰了，不知道自己是怎麼離開、怎麼回來的。等她母親恢復健康之後，她就出國，離開了這個傷心地。」

「十幾年來，她拒絕了很多追求者。除了學術外，社交方面什麼都不參與，完全把自己封閉起來，到現在仍然是孤家寡人一個。想不到這次回來他們又碰上了，真是孽緣。」

問世間男女何必情痴？有多少痴心兒女，就有多少愛恨情仇。自古以來是非情義轉頭空，再回首時，除了嘆息仍是嘆息。莫非這就是人生？就像今晚的月色一樣忽明忽暗。難怪詩人也感慨曰：「月有陰晴圓缺，人有悲歡離合。」世間的事很難十全十美，也許缺憾也是人生不可缺的一部份。看來我們還是回病房吧！別在這裡擾人春夢。

・花開花謝

後來，我那位芳鄰不知何故接連幾天沒有回來，我以為她出院回家去了。

有一天下午，她的看護來幫她整理衣物。我問她：「女孩怎樣？是否要出院？」

想不到那個看護告訴我說：「她出車禍腿骨折，住在外科病房。即使以後傷勢恢復，恐怕走路也會一拐一拐的。」

聽到這樣的消息我很驚訝。真是花無百日好，人有千歲憂。相逢既是有緣，室友一場，我想找個時間去看她。

某天傍晚，我和妹商量好去看她，想不到走到她的病房門口，就聽到她在發脾氣的怒罵聲：「這些愛情騙子，好樣的時候就對我甜言蜜語，現在變成這樣就不理不睬……」接著又聽見摔東西的聲音，乒乒乓乓。一看到我進去，她馬上停止動作，破涕為笑說：「阿姐您來啦！還是阿姐真正關心我，不像那些見異思遷的傢伙，知道我腳受傷了就不理我。」

我不大會安慰人，只能對她說：「你安心的養傷吧！一切等傷好了再說吧。」

其實人的青春美麗很短暫，花會謝，人會老、會變醜。如果只愛一個人的外表，愛情會如曇花一現，很快就灰飛煙滅了。

愛是一生一世的事情，真心相愛的人，不會在乎外在的一點瑕疵。但是，若跟她講這些道理，她是否能懂呢？只能默默為她祈禱罷了。

回來的時候已是滿天星斗的夜晚，明月高懸，好風如水。誰知今晚究竟有多少人千里共嬋娟呢？我心甚願天下有情人終成眷屬。

夢裡不知身是客

・咫尺天涯

夕陽無限好，只是近黃昏。每天五點過後，用完晚餐。我便陪著阿采婆婆，欣賞落日餘輝。山上似乎距離夕陽更近、更令人惆悵。

在復健室這個角落裡遙望山下，整個平原都能映入眼前。黃昏時分，平原被夕陽裝扮得最為亮麗，讓人不禁聯想起徐志摩的詩句：「在星輝斑爛裡放歌。」此刻我們不僅想放歌，更想從這樣的情境中得到一點思鄉的慰藉。

其實只要十幾分鐘的車程，便能重入紅塵。故鄉就在那裡，家也在那裡。親人、朋友，是否依然等待著我回去呢？然而咫尺天涯，偏偏像一場做不完的夢境，總是走不出去。儘管相隔只有這半重山，卻是兩個世界，彷彿距離千重山、萬重水那麼遙遠。有時，這裡真讓人覺得是個與世隔離的世界呢。

在安養的這段時間，復健對我而言是一種希望的寄託。那時候大腿剛剛被撞斷不久，以為花四個月休養就沒事了，因此每天不間斷的做復健，期待有一天心願得了，能夠回到自己的家，睡在自己的床上。

·燈火闌珊處

在這之前，我和那些老人一樣，載夢飛翔，用心靈走下山，走向夢想的家園。

每天六點鐘過後，這些老人就開始就寢了。整個院落似乎安靜下來。除了護士的推車格格作響外，在復健室這裡，就只有我和阿采婆婆的交談聲，以及機器聲。因為白天做復健的人很多，我不想和那些老人爭，只好利用大家休息這個時候做，想不到反而有意想不到的收穫。

在這個角落裡，可以任意的欣賞夕陽和山下的風光。此時夕陽燦爛的光芒把復健室點綴得金碧輝煌。剎那間，使整座黯淡無彩的復健室，幻化成亮麗高貴的皇宮一般。沒想到，我不刻意去尋找它，它卻已經把最好的、最燦爛的，展現在我面前。

這一時刻，眼前除了夕陽的光彩外，還有星光的燦爛，以及一盞一盞閃爍光耀的萬家燈火。可能每盞燈都懷抱著一個夢想，一個家，以及無盡的希望吧。好希望有一天我也能重入紅塵，在那兒，也有一個家等我我回去。到那時候，我必會為自己、為別人點燃一盞最明亮的燈。

·八角眠床

在這裡想家的人，不僅止我一人，無論智慧型的或失智的老人家，幾乎每個人心裡所繫的，就是那份對家以及家人的眷戀。

從復健室這個角落往山下瞭望，可以一望無遺。一個罹患關節炎的阿采婆婆，常在這裡指著山下那家紅瓦屋對著人說：「那是我的家，我的家鄉地靈人傑，風水好，孩子都很出息。」

「每當說到自己的家和孩子，阿采婆婆就很有精神。說起來，她的孩子個個都很有出息呢。」這是她的老姐妹——阿笑婆婆講的。

阿笑婆婆說：「寒門出孝子，她的孩子不但孝順也非常有出息，有的在公家機構任職，有的當教師，也有當某單位首長的。不枉她含辛茹苦獨力撫養他們。」

然而，她為何會被送到這裡來呢？只有一個原因：這個社會大家都很忙。

最常聽她老人家跟我提起的是她家的風貌，以及她的八角眠床。

阿采婆婆說，以前有錢人才有能力住紅瓦屋，那時候她的夫家是大地主，在地方上很有名望。她嫁來莊家的時候，公婆很疼愛，先生也待她不錯。婚後第二年，她生下大兒子，先生高興之餘，為她買下一床上等級的八角眠床，說是等以後生下更多的孩子睡在一起才熱鬧呢。

誰知好景無常，當她懷有老四時，先生已變成一個賭徒。非但視賭如命，還聽說迷上一個風塵女子。敗盡家產之後，拋下她們母子五人不管，竟然跟著那女人雙宿雙飛去了。

令人訝異的是，多少前程往事，在她口中彷彿是在述說著別人的故事一般，不帶一絲怨懟。

在阿采婆婆的心中只有一個願望，那就是，希望有一天能夠回家睡在她自己的八角眠床上。因此她將希望寄託在復健

上，無論白天或夜晚，別人休息她在做，簡直把復健當作必修課。等待兒子來訪的時候，她就將此番成績呈現出來：每次兒子要扶起床上的她，都被她給拒絕了——她想要自己來。她用一種很有精神的步伐，雙手拿起拐杖一步一腳印的跟著兒子散步。

・以子為榮

阿笑婆婆常說阿采婆婆是個很堅強的人，即使被丈夫拋棄之後，她仍然堅強的扶養兒女成長。為了孩子，為了生活，她幾乎做盡所有苦工，洗衣服、幫傭帶小孩，或挑磚、挑稻穀、插秧種稻等等，無論粗工細活，只要能夠維持生計她都肯做。在1940年代的農業社會裡，要生活只有靠勞力。好在一枝草一點露，她總算熬出頭了，孩子也都很上進，如今也都有一番作為。

「阿采婆婆，」護士小姐詢問她，「昨天來看你的是電視台當總經理的那個兒子，還是當自來水廠廠長那個兒子？或是在做老師的那個？！」

「喔，是老三哪！」阿采婆婆高興的回答。

每當別人問起她兒子，她顯得特別高興，馬上很有精神起來，話匣子也比較容易打開。在這裡，每個老人對自己的兒孫似乎都一般心情，彷彿可以從談起兒孫的成就中，獲得一點天倫的慰藉。

‧想家的心情

今天在復健室，阿采婆婆興高采烈的跟我說：「我兒子說今年要帶我回家過年喔！你不知道，我有多高興哪！兩三年來沒有回到家裡，睡我那八角眠床哪，我有多想念哪!！」

雖然我不清楚她到底有多想念她的八角眠床，但我很了解她想家的心情，和住在這裡的人都是一樣的。在安養的歲月中，最盼望的是過年、過節，最失望的也是過年、過節。能回家的當然快樂，不能回家的卻倍感傷情。尤其是眼看著同伴一個個被接走的時候。春節那幾天，許多人回家過年去了，院裡顯得更加冷清，空氣中所迴盪著的不僅是淒涼而已，還有一份令人無法適懷的惆悵。這樣的心情又有誰能夠了解呢？！

在這樣的宿命中我不敢去想未來，但是，我和每個人一樣，都非常想家。也許家不能代表一切，卻是我心中一份渴望，一個夢想。人總是要抱著希望活著，不管等來的是希望或失望，有希望總比沒希望來得好。

隨著日升日落，歲月不停流轉。在外人看來，安養的日子是寧靜悠閒，擁有許多時間。他哪裡曉得，這一身的弱質殘軀，有如暗潮洶湧，潛藏著多少危機，又恍如風中的燭火，隨時可能熄滅。因此，我們所最缺乏的也是時間，因為不知道還有多少歲月可以等待啊。但不管等待的歲月還有多久，不管回家的路還有多長，哪怕只是一線曙光，我們都相信有一天自己會回到夢寐以求的家，但願那時仍在人間，不在天上。

無常歲月

‧仙人鬥法

海島氣候總是這樣的變化無常，黃昏的夕陽還是紅炵炵的，想不到夜幕低垂時分天就變了。起先烏雲密布，一番山雨欲來風滿樓的氣象，接著傾盆大雨，一陣強過一陣，而那些樹像發狂的妖精，搖擺得很厲害，發出咻咻的吶喊聲，好像要飛舞起來似的。這時候我和姐妹們趴在窗戶看著整個歷程，哇！好強悍的風呀！那是誰給它的力量，讓它這麼狂妄囂張。

每當這時候阿嬤都會跟我們姐妹說：「別害怕，那是天上的仙人在鬥法，所以才會狂風大作。」

我問阿嬤：「這次是哪一個仙人在鬥法呢？」

阿嬤好像無心回答我，隨意說：「大概是桃花女在鬥周公吧，才會鬧得那麼厲害。」我心裡在想：周公也太沒有肚量，一個大男生，怎麼老是愛跟女人計較，讓一下不是沒事嗎？害我們這些人類受苦受難。

・防颱全家總動員

每次颱風來，我總是懷抱兩種心情——又期待又怕被傷害：想到放颱風假，可以抓魚、抓泥鰍，可以烤番薯、放風箏，就覺得很快樂；可是一想到颱風所帶來的災難就覺得很恐怖，它四處搞破壞，把我的家園也搞得七零八落，再一想到要收割的稻田變成水池，又要吃一年的地瓜稀飯，胃就酸痛起來，覺得它還是不來的好。

看到阿嬤特別緊張的樣子就很心疼，也難怪她會聞颱色變，據說已經有過幾次房屋倒塌的經驗，所有的積蓄與借貸也都花費在修復房子上面了。平常她省吃儉用，為的是蓋一間堅固的房子，難怪一有颱風，就戰戰兢兢。看她神情緊張，一邊吩咐爸爸到海邊扛一些沙回來，一下子又叫媽媽去菜園多拔一些菜回來，而她則是帶著我出去找一些柴火回來——總之，就是全家總動員啦。

而後，老爸和阿嬤把沙包扛到屋頂上，媽則帶領著我們幾個小鬼幫忙用稻草、破布堵塞門縫、窗戶。人多好做事，才一下子的工夫都做好了。可是這樣一來，使整個屋子變得又悶熱又黑暗，等一切就緒，狂飆的暴風雨也排山倒海般的傾巢而出了。

・生命不是比財富重要嗎？

那一晚，大人在守夜，而我們這些小鬼則早早就上床，可是睡不著，悶熱加上耳邊不斷的傳來一陣陣的暴風雨聲，令人

覺得很不安。忽然聽到屋外有急促的拍門聲，不斷的叫：「開門啊！」阿嬤耳朵也很靈，馬上聽出來是叔叔的聲音，就去開了門。一陣風雨隨著叔叔颳灑進來，哇啊！好強的風，叔叔說：「趕快逃命吧！堤防倒塌了，水都淹上來了。」

叔叔走了之後，不一會兒，屋子開始進水，爸媽和阿嬤拉著我們姐妹趕快往外跑。水好像也知道我們要逃命似的一路追上來，加上那一陣陣的暴風雨，可以說是險象環生。如果不是阿嬤把我緊緊拉住，有可能不是被風吹走，就是被水沖走了。當我們一家抵達安全的地方時，回頭往下看，家那個方向已一片水茫茫，好險哦！還好我們走得快。這都要感謝叔叔好心相告，否則後果不堪設想。難怪阿嬤常說水火無情。

村裡有座古廟，那是全村人的信仰中心，也是庇護所。到達古廟時，已經有好多人在那兒了，嬸婆一家還有其他的親戚也都在。幸好，大家都平安。

阿嬤對著一臉苦惱的嬸婆問好。誰知不說還好，一說，嬸婆的淚水竟嘩嘩啦的流下來，說：「我那一窩剛出生不久的小豬都完了。」

阿嬤不斷的安慰她，說：「人平安最好，錢再賺就有。」

嬸婆似乎有聽進去，人也安靜下來。

這時陸陸續續不斷有人進來，後來古廟爆滿了，只好另外再搭帳篷。整個場景好像廟會，哦不！更像難民營。天色微亮，風也不再那麼強勢。全村總動員，大家紛紛出去找船往低窪地區救人。有船的人都先出發了，爸爸也跟著去。大部份的人都被救回來了，只有住在莊仔尾的堂舅不肯出來，他說要與房子共存亡。救生船已經去好幾趟，眼看著水已經快淹到屋頂了，他仍然執意不走，沒辦法只好為他準備一些乾糧與水。阿舅真固執，財產比生命重要嗎？俗話說：「留得青山在，不怕沒柴燒。」唉，看來他比嬸婆還想不開呢。

這都要怪那個糊塗的白蛇精，搞錯地方，不去水淹金山寺，卻來水漫台灣的五結鄉村。

‧媽媽會變法

儘管阿嬤說錢再賺就有，可是家裡能賺錢的人只有爸爸。爸除了偶爾打魚外，就是向人家租田耕作。經過這次的風災一掃，就什麼都沒了，看來我們又要吃盡一年的地瓜粥了。一想到那地瓜多於水稀稀的飯粒時，整個胃就酸痛起來。

哦，可惡的颱風，可惡的白蛇精亂作怪。

阿嬤說故事時常說：「呼風喚雨、興風作浪，這是妖魔鬼怪的本領。」我希望自己也有那種收服妖魔鬼怪的本領，可惜我只是凡人。

不過，媽媽就不一樣了。她雖然沒有學法術，卻很有本領，像孫悟空一樣會變，每次只要她出馬，我們就不用挨餓了。

那天老爸一大早就出去，晚上才回來，看他悶悶不樂，媽媽問他：「有什麼事嗎？」爸才說：「別人的秧苗都種下田了，我們的田卻仍然荒在那邊，眼看時節就快過去了，卻沒錢去買秧苗，又能怎麼辦！」媽媽一聽，就安慰爸，說：「錢的事我來想辦法。」果然沒多久媽就借到錢。

我知道媽媽一出馬，舅媽、阿姨的私房錢就流落到媽媽的荷包裡了，連最會精打細算的嬸嬸的私房錢也一個不剩的給了

媽媽。

所以，媽媽總是告訴我們這些小孩子要懂得感恩，人家給我們點滴之情，要報以泉湧。

‧當年的周處

我問媽：「表哥是舅媽的寶貝兒子，若要打我呢？也要讓他打嗎？！」想不到媽媽卻說：「跑呀！他比你大一個頭，難道你想跟他打架！那個周處可是六親不認的哦！何況欠債還錢，我是欠她媽錢，又不是欠他。」小時候的表哥常常欺負比他弱小的人，被喻為「四害的周處」。還好老媽明理，要不然就慘了。

想不到後來我還是跟表哥槓上了。原因是，妹妹不小心弄倒他做的東西，他揮手一拳就要打下去，被我發現，我於是衝上去把他推開，誰知就打起來了。

起初他愣了愣看著我，可能從來沒有人敢還擊，而又是一個比他小一個頭的小女生。後來他竟然對我說：「看你有膽識，只要跟我說對不起，就饒了你兩姐妹。」

這下讓我非常生氣：「你已經打人了，還要我低頭？門多沒有！」我一氣之下一拳揮過去，然後又打起來了。他揪住我的脖子，害我喘不出氣。

千鈞一髮之際，阿嬤把他推開了。好險哦！臉都變黑了，太可惡了。阿嬤心疼，邊說「子不教父之過」，邊去找舅舅、舅媽理論。媽說：「他媽若管得了，就不會變成周處了。」

・而今的周處

多年以後，我們都成長了，記得那是過新年的時候，春天的氣息早已揮灑在枝頭上，新綠已經探出頭來，迎接春的季節。

那年的新年很不尋常，不再像往常那樣冷颼颼的，陽光普照，溫暖和煦，是個小陽春。天氣好，弟妹都出去玩，只有我走不出去，坐在窗前看著飛鳥跳躍、穿梭在枝椏上，互相告知春神來了。

那天，表哥逕自跑來，我差點認不出來，想不到眼前這位文質彬彬的青年竟是那個橫行村里的四害。俗話說：「無事不登三寶殿。」果然，他一見我就大獻殷勤，表妹長，表妹短，說：「大家都說你是個才女，無論書法、畫畫都是無師自通，我……」

「好了，夠了！有什麼事，請直截了當的說吧！別拐彎抹角。」

他愣住了，看著我，然後吸了一口氣說：「好吧！既然你這麼爽快，我就直截了當的說吧！聽姑媽說你和張同學一家人都很熟是不是？和她們姐妹們感情也很好？」

「嗯！沒錯。你問這個幹什麼？」

他面帶羞怯的說：「請幫我多多美言好嗎？我要追她大姐。」

我故意損他說：「那我豈不是害張大姐羊入虎口。」

他尷尬的說：「我早已改過自新了，你就饒了我吧！」

「好吧！就告訴你真相吧，即使我幫你，也愛莫能助——

她已經心有所屬，並且論及婚嫁，別把精神浪費在她身上。這是我唯一所能夠給你的忠告。」

他好像不能接受這個事實，自言自語的說著：「是嗎？！」

聽同學說，他還不死心，時常去她家……然而落花有意，流水無情，感情的事是不能勉強的。後來，大概他想通了，沒有再出現。

歲月就像魔術師，竟然可以使桀驁不馴、橫行霸道的人變成一個老師！真希望他此後好好善用人生，不會誤人子弟才好。

・挑戰命運

人事有代謝，往來成古今。

隨著姐妹成長之後，出外工作賺錢回來，家裡的環境也改善很多。然而，當我能夠吃到一碗白米飯時，命運之神已在我身上埋下厄運的玄機。原來老天還要考驗我！

我知道，前頭的苦路還很長呢，讓我就這樣背負著憂傷的行囊去挑戰、克服生命中的障礙吧。從此我沒有退路，像過河的卒子，只能夠前進，不能退縮。

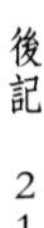

後記

五六〇年代是個農業社會時期，民風閉塞，醫療科學還未發展的世代，對殘障者而言那是個黑暗的年代，不僅要承擔著身心的障礙，也要背負著他人所加的附加罪愆。

每次聽到殘友們感慨說，他們不怕自己的殘缺，但最怕的是別人所加入的一些色彩，以及一些莫須有的罪名。

他們的遭遇我能夠體會，其實就連我自己也難逃那些莫名的罪愆，記得每次那些三姑六婆來家裡找媽閒話家常時，我總是躲在房間裡，由於聲音太大仍難不被淹沒，不聽都不行。

阿姑啊！您家阿美得的是什麼病哪，看她這模樣不像生病，怎麼說不會走路，就不會走啦！

這時老媽也感慨著，那婆媳又說，可能是來向您家討債哦。這時另一個大嬸開口說，我看哪是祖先風水問題，也可能是祖先做的惡，才會累及後代。

因此之故老媽有時心情不佳就對我口出「如此」的怨言，我所能做的是無言以對，看來我是下錯凡塵投錯胎。

朋友說他她們的兄弟姐妹要結婚時必須做隱形人，她阿媽說，不能給親戚看到，若讓對方知道她他有一個殘障姐妹、兄弟可能會破壞婚姻。為了不想做罪人只好把自己藏起來。這能怨誰呢！自己依賴家人沒有能力獨立，只有認命。

感慨自身莫名其妙的來到這個世界，莫名其妙的貼上殘障的標籤，莫名其妙的被嫌棄，再莫名其妙的死亡，這是殘障者的宿命。

或許蒼天憐見，派來謝神父一路扶持，不但送釣竿也教我們怎樣釣魚、怎樣賣魚。他送我們就醫、就業，就學，儘管一路走來跌跌撞撞，他總是鼓勵著我們勇敢的面對未來的人生，勇敢的走出來，學習自力自強，打造一片屬於自己的天空，做自己的主人，從此揮別陰霾走向康莊大道。

歲月匆匆歷經數十寒暑，如今他已經垂垂老亦，卻仍然一本初衷無怨無悔的付出。

為了幫助我們這些殘障者他沒有自己時間，有時候早上，有時夜晚，只要是殘障者的事他義無反顧馬上行動，像服務24小時的便利商店倘開大門歡迎光臨。

有人勸他該放手！何必這麼累呢？他說接手的人還沒有怎麼放，只好鞠躬盡瘁了。

生活風格類　PC0217

新銳文創
INDEPENDENT & UNIQUE

生命的出口
——殘障之父謝樂廷神父的修道人生

作　　者　陳彩美
責任編輯　林千惠
圖文排版　姚宜婷
封面設計　王嵩賀

出版策劃　新銳文創
發 行 人　宋政坤
法律顧問　毛國樑　律師
製作發行　秀威資訊科技股份有限公司
114 台北市內湖區瑞光路76巷65號1樓
電話：+886-2-2796-3638　傳真：+886-2-2796-1377
服務信箱：service@showwe.com.tw
http://www.showwe.com.tw
郵政劃撥　19563868　戶名：秀威資訊科技股份有限公司
展售門市　國家書店【松江門市】
104 台北市中山區松江路209號1樓
電話：+886-2-2518-0207　傳真：+886-2-2518-0778
網路訂購　秀威網路書店：http://www.bodbooks.com.tw
國家網路書店：http://www.govbooks.com.tw

出版日期　2012年5月　初版
定　　價　250元

Printed in Taiwan

國家圖書館出版品預行編目

生命的出口：殘障之父謝樂廷神父的修道人生 / 陳彩美著.
-- 初版. -- 臺北市：新銳文創, 2012. 05
面；　公分
ISBN 978-986-6094-64-4(平裝)

1. 謝樂廷 2. 天主教傳記 3. 靈修

244.93　　101005267

讀者回函卡

感謝您購買本書，為提升服務品質，請填妥以下資料，將讀者回函卡直接寄回或傳真本公司，收到您的寶貴意見後，我們會收藏記錄及檢討，謝謝！如您需要了解本公司最新出版書目、購書優惠或企劃活動，歡迎您上網查詢或下載相關資料：http:// www.showwe.com.tw

您購買的書名：________________________________

出生日期：________年________月________日

學歷：□高中（含）以下　□大專　□研究所（含）以上

職業：□製造業　□金融業　□資訊業　□軍警　□傳播業　□自由業
　　　□服務業　□公務員　□教職　□學生　□家管　□其它____

購書地點：□網路書店　□實體書店　□書展　□郵購　□贈閱　□其他

您從何得知本書的消息？

□網路書店　□實體書店　□網路搜尋　□電子報　□書訊　□雜誌
□傳播媒體　□親友推薦　□網站推薦　□部落格　□其他________

您對本書的評價：（請填代號　1.非常滿意　2.滿意　3.尚可　4.再改進）

封面設計____　版面編排____　內容____　文／譯筆____　價格____

讀完書後您覺得：

□很有收穫　□有收穫　□收穫不多　□沒收穫

對我們的建議：________________________________

____

____

____

請貼
郵票

11466
台北市內湖區瑞光路 76 巷 65 號 1 樓
秀威資訊科技股份有限公司 收
BOD 數位出版事業部

（請沿線對折寄回，謝謝！）

姓　　名：＿＿＿＿＿＿＿＿　年齡：＿＿＿＿　性別：□女　□男

郵遞區號：□□□□□

地　　址：＿＿＿＿＿＿＿＿＿＿＿＿＿＿＿＿

聯絡電話：(日) ＿＿＿＿＿＿＿＿＿＿ (夜) ＿＿＿＿＿＿＿＿＿＿

E-mail：＿＿＿＿＿＿＿＿＿＿＿＿＿＿＿＿